AF389812

COLLECTION

DES

MORALISTES ANCIENS.

BIBLIOTHÈQUE NATIONALE · R.F. · IMPRIMÉS

COLLECTION

DES

MORALISTES ANCIENS,

DÉDIÉE AU ROI.

A PARIS,

Chez **DIDOT L'AÎNÉ**, Imprimeur du Clergé,
en furv. rue Pavée S. A.

Et **DE BURE L'AÎNÉ**, Quai des Auguftins.

M. DCC. LXXXIII.

BIBLIOTHÈQUE NATIONALE / IMPRIMÉS

DON 18.250

PENSÉES MORALES

DE

CONFUCIUS,

RECUEILLIES ET TRADUITES

DU LATIN

PAR M. LEVESQUE.

[Cachet : BIBLIOTHÈQUE NATIONALE]

DE LA PHILOSOPHIE DES CHINOIS.

Tous les peuples connus de la terre, séparés les uns des autres par des montagnes inacceſſibles, par la profondeur des fleuves, par l'abîme des mers ; encore plus divisés par les opinions, par le culte religieux, par l'induſtrie, par les mœurs ; mais réunis par un aveuglement commun, ſemblent être convenus entre eux d'accorder le plus haut degré de gloire à ceux qui leur ont fait éprouver le plus de maux. Des cendres, des ruines, des oſſements blanchis,

l'horrible & vaste solitude, attes-
tent à la postérité les hauts faits des
conquérants , & leur assurent les
éloges & la vénération des enfants
dont ils ont égorgé les peres.

Dans cette folie universelle, les
Chinois seuls, conservant des idées
justes & l'amour de leur bonheur,
ont toujours préféré les hommes qui
les éclairent à ceux qui les égorgent.
Le nom de Fo-hi est peut-être moins
harmonieux que ceux d'Hermès &
d'Orphée ; mais il est aussi respecta-
ble. Ce sage Empereur, qui régnoit
au moins deux mille cinq cents ans
avant notre ere, sut préférer à toute
autre espece d'empire celui de la

raiſon, & ſe fit le précepteur de ſes peuples, qui l'appellent encore le Pere de la ſcience.

Mais l'art d'écrire n'étoit pas encore inventé ; des nœuds ſervoient aux marchands à ſe rendre compte des détails de leur commerce. Comment expliquer la Philoſophie avec des nœuds ? Le moyen qu'employa Fo-hi pour aſsurer à ſes principes quelque durée, n'étoit pas moins inſuffiſant : il traça des lignes, dont il donna ſans doute l'explication ; mais elle fut bientôt oubliée.

Ainſi les connoiſsances à peine ébauchées que Fo-hi voulut tranſmettre à ſes peuples, n'auroient eu qu'une courte influence sur leur prospérité, s'il ne s'étoit élevé de temps en temps des Princes dignes d'occuper le trône de ce grand homme.

Entre ces Souverains, la postérité conserve sur-tout avec reconnoisance la mémoire d'Yao, de Choun & d'You. Il faut, quand on parcourt les histoires étrangeres, s'accoutumer à respecter des noms dont l'oreille est blessée.

Le premier de ces Empereurs régnoit deux mille trois cents cinquante-sept ans avant l'ere vulgaire. Ami de l'humanité, il fit consister sa grandeur dans l'exercice des vertus. Ennemi de l'orgueil des palais, du luxe des habits, des délices de la table, il habitoit une humble maison, vivoit comme les citoyens les plus médiocres, étoit vêtu comme eux. Le prince avoit-il besoin du faste impérial, quand l'homme étoit si bien distingué du reste de la nation par les respects qu'il méritoit ?

Il régla le calendrier. Il établit sept tribunaux qui subsistent encore. Sage, il se fit un devoir d'enseigner à ses peuples la sagesse.

Mais ce qui distingue sur-tout son regne, c'est le choix qu'il fit de son successeur. Il avoit des fils :

ils étoient sans talents & sans vertus ; mais, nés d'un Souverain, ils croyoient qu'il ne leur falloit rien de plus pour gouverner les peuples.

Le Prince aimoit ses sujets ; il avoit fait leur bonheur, & vouloit le rendre durable. Il entend parler d'un jeune paysan distingué par la pureté de ses mœurs, par la justesse de son esprit, & par le talent de concilier & d'adoucir les humeurs difficiles & brutales de ses freres : il le tire de la charrue, lui confie quelques parties de l'administra-tion, étudie ses talents & ses goûts, l'éleve à des emplois plus importants, & le désigne enfin pour son successeur.

Choun fut ce laboureur couronné; & la vénération qu'on accorde à sa mémoire rejaillit encore aujourd'hui sur la profession des agriculteurs. Par ses vertus, il répondit aux espérances d'Yao : comme lui, il cultiva, il enseigna la sagesse. Aussi malheureux qu'Yao dans sa postérité, il tira You des travaux champêtres pour se l'associer au trône; You, qui, par ses bienfaits, & non par des conquêtes & par les larmes & le sang des nations, mérita le surnom de Grand.

Yao & Choun tiennent le pre-

mier rang parmi les anciens Sages.
Confucius, dont la mémoire & les
écrits sont si religieusement respec-
tés, annonça qu'il ne disoit rien de
lui-même, & qu'il ne faisoit que
renouveller la doctrine de ces Princes. Il se faisoit gloire de n'être que
le héraut de l'antiquité.

Le grand spectacle des révolu-
tions périodiques du système céleste
saisit d'une juste admiration les anciens Sages de la Chine. Ils paroîs-
sent les avoir comparées, comme
Pythagore, à l'harmonie musicale;
& ils voulurent établir sur la terre
cette concorde des corps célestes,
dont ils firent le modele de leur mo-

rale & de leur politique intérieure.

Ces deux fciences, auxquelles ils lierent celle de l'hiftoire, firent toujours l'objet principal de leurs études. Ils n'avoient aucune idée de ces fubtilités métaphyfiques qui firent perdre aux Grecs un temps précieux, & dont les charmes fantaftiques leur firent fi fouvent méconnoître ceux de la vérité.

Admirateurs réfléchis de l'ordre fublime des chofes créées, ils éleverent leur intelligence jufqu'au trône du Créateur. Ils donnoient à l'Être fuprême le nom de Khang-ti, qu'on interprete par Dominateur fuprême. Ils révéroient auffi quel-

ques puissances inférieures, quelques êtres spirituels, ministres de
la Divinité : mais ils avoient le bon
esprit de ne point chercher à connoître, à définir la nature du Dieu
qui recevoit leurs hommages. Leurs
cœurs adoroient, & leur esprit re-
nonçoit à comprendre.

Ils disoient aux Princes : Soyez
bien convaincus que vos Sujets sont
vos enfants. Ils disoient aux Sujets :
Dans le Monarque, reconnoissez
votre pere ; embrassez vos conci-
toyens & l'humanité entiere dans
votre tendresse fraternelle. C'étoit
là le fondement de leur morale &
de leur politique, & ce principe

si simple étoit pour eux fécond en conséquences utiles. On en trouve le développement dans leurs anciens livres qu'on appelle classiques, & qui sont regardés en quelque sorte comme sacrés.

On les divise en deux classes. La première est composée des cinq livres les plus anciens, parmi lesquels on comprend l'Y-king, cet ouvrage inintelligible de Fo-hi, qui n'est formé que de lignes droites, entieres ou coupées. On nomme ce recueil l'Ou-king.

Le second recueil, qu'on nomme Sou-chou, est composé de quatre ouvrages de Confucius & de ses

difciples. Comme il n'a pas en fa faveur cette augufte vétufté qui rend
l'Ou-king fi vénérable, il eft placé
dans un rang inférieur : car la raifon, pour obtenir le refpect des
hommes, a befoin d'être couverte
de la rouille de l'antiquité.

Les Lettrés ne peuvent s'élever
aux grades fans être examinés fur
un des volumes de l'Ou-king, à leur
choix, & fur les quatre livres du
Sou-chou. Mais comme il eft un
art de détourner le fens des auteurs,
& de leur faire dire ce qu'ils n'ont
pas pensé, & même le contraire de
ce qu'ils ont pensé ; les Lettrés chinois, en citant, expliquant, éclair-

cifsant , développant les anciens livres, qu'ils s'accordent à révérer, fe sont infenfiblement écartés de l'ancienne doctrine.

Dans le dixieme fiecle de notre ere s'éleva une nouvelle école de Philofophes, qui, toujours commentant les livres des anciens Sages, s'éloigna toujours davantage de leur heureufe fimplicité. Une autre école fe forma dans le quinzieme fiecle. On l'accufe d'athéifme. Il seroit téméraire à nous de prononcer sur les fentiments de ces Lettrés, dont nous n'avons pas les écrits : il le seroit peut-être encore fi nous les avions.

Nous avons vu que, dans l'antiquité la plus reculée, les Chinois donnoient à Dieu le nom de Khang-ti, Dominateur suprême.

Mais les Lettrés modernes, au lieu du Khang-ti, reconnoissent, dit-on, pour premier principe, le Tai-kié, le grand terme, la raison universelle de l'être ; & ce Tai-kié paroît être, selon eux, matériel. Il leur faut une autorité ; car la raison ni l'erreur n'osent se soutenir par leurs propres forces, ni marcher sans appui : ils savent la trouver dans un passage obscur de Confucius.

Nous sommes loin de vouloir

défendre ici les Lettrés modernes :
ils sont athées, peut-être. Mais les
anciens ne l'étoient pas : ils révéroient certainement un Dieu dans
le Khang-ti : ils le révéroient même
dans le Tien, quoique ce mot ne
signifie proprement que le ciel. Ne
jugeons pas ces hommes vénérables
sur un mot, mais sur leur conduite
qui l'explique. Étoit-ce pour le ciel
matériel, pour le matériel Tai-kié,
qu'ils faisoient des libations ? Étoit-
ce à un être sans intelligence, qu'ils
offroient des sacrifices ? Étoit-ce en
l'honneur du néant ou du vuide,
qu'ils se macéroient par des jeûnes ?
Puisqu'il est prouvé que les jeûnes,

les libations, les facrifices, ordonnés encore aujourd'hui, étoient en ufage dans la plus haute antiquité, il ne l'eft pas moins que les anciens Chinois étoient Déicoles.

Le matérialifme des Lettrés, s'il exifte, eft né de l'abus de la raifon : diverfes fuperftitions reçues à la Chine durent leur naifsance à l'impofture. Telle eft celle de Lao-kium, que Confucius eut la douleur de voir s'élever dans fa patrie. Ce Lao-kium, que d'autres appellent Pé-yan, & d'autres encore Lao-tan, vivoit du temps de ce Philofophe, & étoit un peu plus âgé que lui. Ses difciples raçontent que fa mere le porta quatre-vingt-un ans dans son sein, qu'il en sortit en lui perçant le côté gauche, & lui donna la mort en venant à la vie. Sans doute un matricide n'annonçoit pas favorablement l'arrivée d'un Dieu.

Il a laissé des écrits qu'on croit avoir été falsifiés par ses sectateurs. On y trouve de saines maximes de morale : un sectaire qui prêcheroit une morale impure & dangereuse, au lieu de trouver des partisans, exciteroit une horreur générale.

Lao - kium est regardé comme l'auteur de la magie. Il est certain du moins que ses disciples ont séduit même plusieurs Monarques,

en flattant les deux grandes foi-
blefses de l'humanité; celle de son-
der l'impénétrable avenir, & celle
de vouloir fe fouftraire à la mort.
L'Empereur Vou - ti, livré plus
qu'aucun autre à leur impofture,
reçut de leurs mains le breuvage de
l'immortalité, & ne reconnut qu'il
étoit encore mortel, qu'aux derniers
inftants de fa vie.

La fuperftition de Lao - kium
étoit née dans le fein même de la
Chine : on alla chercher au loin
celle de Foë. Suivant une tradition
généralement reçue, Confucius a-
voit fouvent répété que le vrai Sage
fe trouvoit à l'occident. C'eft une

confolation pour l'orgueil humain de croire que la fagefse fe trouve quelque part : mais fi , par fagefse, on entend la perfection, elle eft re- fufée à la terre.

Plus de cinq fiecles après la mort du Philofophe, & dans la foixante- cinquieme année de notre ere, l'Em- pereur Ming-ti , vivement frappé de l'idée du Sage occidental , le voyoit même pendant fon fommeil. Il prit fes rêves pour des vifions envoyées par le Ciel même. Il fit partir deux de fes principaux Man- darins , avec ordre de ne revenir qu'après avoir rencontré le Sage que le Tien lui avoit fait connoître.

C

La commiſſion étoit embarraſ-
ſante ; mais ils trouverent, dans un
canton de l'Inde, l'idole de Foë, ſe
firent inſtruire par ſes Prêtres, cru-
rent avoir rencontré ce qu'ils cher-
choient, & apporterent à leur maître le Dieu & ſa doctrine.

La ſuperſtition de Foë étoit déjà
ancienne dans les Indes. Voici ce
qu'on raconte de la naiſſance du
prétendu Dieu.

Un Roi indien, nommé In-fang-
vang, eut de Mo-yé, ſon épouſe,
un fils nommé Ché, ou Ché-kia,
d'où les Japonois ont fait Chaka.
C'eſt ce fils qui devoit, avec le
temps, devenir Dieu. On rapporte

fa naiſsance à l'an 1026 avant notre ere.

Sa mere vit en ſonge un éléphant blanc qui lui entra dans la bouche & s'inſinua dans ſon ſein. Le miraculeux éléphant paſsa pour le pere de Foë.

Lao-kium étoit venu au monde par le côté gauche de ſa mere : le divin Foë vint par le côté droit, &, comme lui, il donna la mort en naiſsant à celle qui lui donnoit la vie.

A l'âge de dix-ſept ans, il épouſa trois femmes, & n'eut d'elles qu'un fils. Il abandonna bientôt après & le fils & les femmes, ſe retira dans

une folitude, & fe mit sous la conduite de quatre Gymnofophiftes.

Jufques-là Ché-kia, car il portoit encore ce nom, n'avoit rien de
divin : mais, dans fa trentieme année, contemplant avec extafe le fo-
leil, il fut pénétré de fes rayons, &
devint Dieu. C'eft alors qu'il prit
le nom de Foë, & fe fit rendre les
honneurs divins. Ses difciples ne
manquerent pas de lui attribuer un
grand nombre de miracles ; & fa
religion, liée à l'ancien dogme de
la métempfycofe, eft répandue dans
la plus grande partie de l'Orient.

Ce Dieu ne put fe difpenfer de
payer le dernier tribut à la Nature.

N'ayant plus d'intérêt à soutenir son imposture, il déclara en mourant à ceux de ses disciples qui l'environnoient, qu'il les avoit trompés pendant quarante ans ; que toutes les espérances des hommes étoient vaines, & qu'il n'y avoit d'autre principe des choses que le néant & le vuide.

C'est ainsi qu'il s'établit deux doctrines des disciples de Foë : l'une, publique, favorise les superstitions du peuple, & ce que nous appellons idolâtrie ; l'autre, secrete, qu'on croiroit être un pur athéisme, est bien plutôt un quiétisme d'une espece fort singuliere, & tend à rap-

procher l'homme de la roche infen-
fible. Elle a eu des partifans auprès
du trône, & fur le trône même.
Ceux qui reftent-le plus long-temps
dans une parfaite immobilité, dans
une abfence totale des fonctions du
corps & de l'efprit, approchent le
plus de la perfection.

Tout le bas peuple de la Chine
eft abandonné aux vaines fuperftitions du culte de Foë, & la plupart
des Lettrés tiennent plus ou moins à
l'une ou à l'autre de fes doctrines.

Mais avant que les fyftêmes des
nouvelles écoles & les fuperftitions
de l'idolâtrie eufsent dégradé les
Lettrés, on a pu croire quelque

temps que les Lettres elles-mêmes
alloient être anéanties avec les livres
qui font la bafe de la doctrine.

Environ deux fiecles avant notre
ere régna l'Empereur Chi-hoang-ti.
Il fe fit élever des palais fuperbes :
les routes qu'il fréquentoit, rendues
plus vaftes aux dépens de l'agriculture, furent bordées de cedres toujours verts ; & les campagnes , au-
paravant couvertes de riches moif-
fons, furent converties en jardins
délicieux. Il fe fit conftruire un tombeau dont les richefses & la magnificence l'emportoient fur celles des
temples. Par fes ordres furent fon-
dues en airain les ftatues colofsales

de douze héros, dont chacune pe-
sòit cent vingt mille livres. Il fit
bâtir contre les Tatars cette fameuse
muraille qui tantôt s'éleve sur les
montagnes & tantôt s'abaisse dans
la profondeur des précipices. Le
cultivateur, accablé sous le poids
des impôts, se vit arracher aux travaux champêtres, pour être soumis
aux plus dures corvées. Enfin Chi-
hoang-ti réunit sous sa domination
la Chine entiere, en faisant mourir
les Princes tributaires, & fit assez
de mal pour mériter une place entre
ces Souverains que le malheur des
peuples a fait mettre au nombre
des grands hommes.

Ce Monarque ſi fier ſe livroit, comme un enfant, aux impoſtures des Sectateurs de Lao-kium. Il envoya ſes flottes juſques dans le Bengale, pour y chercher le breuvage de l'immortalité : tant ce mortel ſuperbe, qui peſoit ſur les têtes de ſes Sujets, étoit petit aux yeux du Sage !

Il n'auroit pas dû haïr les Lettres : un Savant avoit pris ſoin de ſon éducation ; un autre Savant étoit ſon premier Miniſtre. Mais les Lettrés, indignés de ſa tyrannie, citoient ſans ceſſe contre lui des maximes & des exemples tirés des livres claſſiques, & ſembloient même s'appuyer de ces autorités pour exciter le peuple à la révolte.

Ce Prince avoit bravé la force d'un peuple entier : quelques livres, écrits depuis plufieurs fiecles, & qui cenfuroient indirectement fa conduite, lui femblerent redoutables ; il les condamna tous au feu. Ceux de Confucius furent recherchés encore plus févèrement que les autres ; foit que leur morale plus auftere offenfât davantage ce Prince corrompu ; foit que l'autorité de l'Écrivain les lui rendît plus odieux. Les livres qui traitoient de la médecine, de l'agriculture, & de l'aftrologie judiciaire, furent feuls refpectés.

Les Lettres fembloient pour jamais profcrites : mais l'Empereur
mourut ; fon fils fut afsaffiné après
un regne très court, & avec lui
s'éteignit la dynaftie des Tsin. Les
Souverains de la dynaftie fuivante
firent rafsembler tous les livres
qu'on put recouvrer. On recueillit
avec foin des fragments à demi brû-
lés ; on fouilla dans l'épaifseur des
murailles & dans les tombeaux ; on
en tira les écrits qu'ils receloient,
& que des Savants y avoient cachés
au péril de leur vie.

Enfin tous les débris, alors in-
formes, de l'ancienne littérature
furent religieufement rafsemblés.

Il resta des lacunes irréparables, des fautes que toute l'intelligence des restaurateurs ne put corriger, des intercalations souvent difficiles à découvrir, & des soupçons sur des textes conservés peut-être dans toute leur pureté. Tous ces décombres furent consacrés par un respect superstitieux : les caracteres en furent soigneusement comptés ; & il fut défendu par une loi d'en ajouter, d'en retrancher, d'en changer un seul.

Tels sont les premiers monuments des sciences chinoises. Quand les Missionnaires d'Europe voulurent en prendre connoissance, ils éprouverent d'abord des difficultés qui devoient leur paroître insurmontables. La langue des Chinois ne ressemble, par la forme, à aucune de nos langues : elle n'a pas plus de trois cents mots, & tous sont monosyllabiques ; mais chacun d'eux peut recevoir des accents différents, être prononcé plus ou moins lentement, être plus ou moins fortement aspiré, & chacune de ces légeres différences dans la prononciation lui donne une signification nouvelle.

Par exemple, un monosyllabe qui reçoit par les variétés de la prononciation onze significations dif-

D

férentes, change encore de fens par l'addition des mots avec lefquels il peut fe compofer.

Les noms ne fe déclinent point & n'ont point d'articles : les verbes n'ont que la forme de l'infinitif; rien ne défigne les temps ni les perfonnes : le chinois manque prefque abfolument de particules ; & enfin le même mot, avec le même accent, peut être verbe, nom fubftantif, nom adjectif, ou adverbe. Cela donne à la langue une concifion fententieufe, & la rend en même temps très obfcure.

Cependant ces Chinois, qui ont un fi petit nombre de mots, ont une quantité de caracteres innombrable.

Comme ils n'ont pas d'accents, il leur faut des caracteres différents pour exprimer les significations diverses du même monosyllabe différemment prononcé. Ils en ont pour exprimer les mots composés ; ils en ont, en grand nombre, qui peignent des phrases entieres.

On peut même dire que les caracteres chinois ne peignent ni des lettres, ni des syllabes, ni des mots, mais des idées. On peut les comparer à nos chiffres, que chaque nation exprime par des mots différents. La langue des Cochinchinois & celle des Japonois ne reſſemblent point à celle des Chinois : mais les uns & les autres emploient les mêmes caraƈteres, & ils entendent mutuellement ce qu'ils s'écrivent, quoiqu'ils ne ſe puſſent entendre s'ils vouloient ſe parler.

A la Chine, des enfants de ſix ans sont appliqués à la leƈture, continuent toute leur vie la même étude, vieilliſſent & meurent ſans avoir connu tous les caraƈteres de leur langue. On en compte au moins quatre-vingt mille, dit le P. Duhalde, & l'on en a fait un Diƈtionnaire de quatre-vingt-quinze volumes, auquel on a depuis ajouté

vingt-quatre volumes de supplé-
ment.

Est-il étonnant que les Chinois,
qui cultivent depuis si long-temps
les sciences, aient fait bien moins de
progrès que les Européens ? Ils emploient à l'étude de leurs caractères
le temps que nous employons à l'é-
tude des choses. L'art de lire n'occupe que les premieres années de
notre enfance, & consume tout le
temps de leur vie. Ajoutez encore la
peine qu'ils se donnent pour pein-
dre parfaitement tous ces signes mul-
tipliés, tandis qu'un Savant n'en est
pas moins estimé parmi nous, pour
savoir former à peine les vingt-

quatre lettres de notre alphabet.

Peu de Docteurs chinois parviennent jusqu'à connoître quarante mille caracteres, & les Lettrés ordinaires n'en favent guere que quinze à vingt mille. Mais il reste toujours vrai que la lecture est, parmi les Chinois, une science d'une immense étendue, & que les Savants les plus studieux meurent dans une grande vieillesse fans en avoir parcouru la moitié.

Cependant des Missionnaires arrivés à la Chine dans un âge afsez avancé fe sont donnés à l'étude des caracteres chinois, & ont rapidement furpafsé les nationaux qui s'y étoient livrés opiniâtrément depuis leur premiere enfance : nouvelle preuve de la supériorité des Européens sur les peuples de l'Asie.

IL ne nous reste plus qu'à parler de notre travail, & cet article doit être bien court. Nous avons extrait des livres donnés par le P. Couplet & par ses coopérateurs (1) les maximes qui appartenoient à Confucius, & qui sont mêlées dans l'original avec les pensées de ses commentateurs. Nous avons aussi tiré

____

(1) Confucius, sive Scientia sinensis. (Paris. Hortemels, 1687.)

quelques maximes de l'ouvrage du même Auteur sur l'amour filial, publié par le P. Noël (1). Nous ne nous sommes pas toujours interdit d'adopter les pensées de ses disciples, quand elles nous ont paru nécessaires pour éclaircir & développer celles du maître.

Pour ne pas priver le lecteur de quelques belles pensées qui étoient en récit, nous les avons réduites en maximes.

Nous avons pris encore une autre licence. Sachant que la langue

____

(1) Sinensis Imperii libri classici sex. (Pragæ, 1711.)

chinoife a trop peu de rapport avec
les nôtres pour que les traductions
latines foient littéralement fideles ;
inftruits d'ailleurs que les interpre-
tes avoient fouvent paraphrasé le
texte, nous avons serré notre ftyle,
quand le leur nous a femblé lâche
& diffus. Toujours fideles à la pensée, nous avons été fouvent infi-
deles au mot & même à la phrafe.
Il ne s'agifsoit pas de préfenter une
verfion littérale, mais de donner la
morale de Confucius, & de la faire
lire.

Peut-être n'aurons-nous pas réuffi.
« Mais, ô Difciple de la fagefse, ne
« néglige pas les racines pour t'at-

« tacher aux feuilles », dit Tſou-
hia, éleve de Confucius.

VIE

DE CONFUCIUS.

CON-FOU-TSOU, ou Con-fou-tsée, que nous appellons Confucius, naquit 551 ans avant notre ere, dans une simple bourgade du royaume de Lou ; car la Chine étoit alors divisée en plusieurs royaumes, tributaires de l'Empereur. La souveraineté de Lou forme aujourd'hui la province de Khang-tong, au sud-est de Pékin.

Le pere de Confucius, personnellement illustré par les premieres magistratures qu'il avoit exercées, descendoit de l'avant-dernier Empereur de la dynastie des Chang. Il étoit septuagénaire lors de la naissance de son fils, qui le perdit à l'âge de trois ans. Dans ce même temps, Solon vivoit encore; Thalès touchoit à ses dernieres années; Pythagore florissoit, & Socrate alloit naître.

Dès l'âge de quinze ans, Confucius se livra tout entier à l'étude des anciens livres : il en recueilloit avec soin des maximes utiles pour la conduite de la vie, y conformoit ses mœurs, & se préparoit, dans un âge si tendre, à les offrir aux autres en leçons.

On le maria dans fa vingtieme année. Il répudia dans la suite fon époufe, & n'en eut jamais d'autre, quoique la polygamie foit permife à la Chine. Son fils, nommé Pé-you, fut pere de Tfou-fou, qui commenta les livres de fon aïeul, & s'illuftra plus encore par fa fagefse que par les dignités auxquelles il fut élevé.

Confucius exerça la magiftrature dans plufieurs royaumes, recherchant les dignités, non pour les avantages perfonnels qu'elles lui procuroient, mais pour travailler au bonheur des peuples, & pour donner à fa doctrine cette autorité que

E

lui-même recevoit de ſes emplois. Il s'en démettoit auſſitôt, quand il n'en retiroit que de vains honneurs ſans pouvoir être utile aux autres.

A l'âge de cinquante-cinq ans, il fut élevé au principal miniſtere dans le royaume de Lou, ſa patrie. La nation put bientôt reconnoître qu'un Sage étoit à la tête du gouvernement : les loix étoient obſervées, les mœurs s'épuroient, la concorde régnoit dans les familles, la paix intérieure charmoit les peines du peuple, & l'on auroit eu honte de méconnoître un empire qui n'étoit que celui de la raiſon. Tant de félicité ſe répandoit ſur le royaume de Lou, & Confucius n'avoit encore que depuis trois mois la direction des affaires.

Cette profpérité fut regardée d'un œil jaloux par les Princes voifins. Trop corrompus pour fuivre l'exemple qui leur étoit donné, ils ne furent que craindre un Etat où régnoient les mœurs & les loix. Il auroit été d'une abfurde témérité de calomnier Confucius : il eût été trop odieux d'attenter à fa vie. Ils trouverent un expédient plus criminel encore en effet, mais en apparence plus doux : ce fut de corrompre le Souverain.

Un Prince devenu par ufurpa-

tion maître du royaume de Tsi, fei-
gnit de rechercher l'amitié du Roi
de Lou, & de se l'attacher par des
présents. Il lui envoya de jeunes cap-
tives dont les talents rendoient la
beauté plus séduisante : les accents
flatteurs de leurs voix, leurs danses
lascives, extitoient à la volupté ;
& la perfide douceur de leurs regards, le charme dangereux de leur
sourire, achevoient une défaite que
leurs chants & leurs graces avoient
commencée.

Le Roi reçoit avec reconnoifsance ces dons insidieux, d'autant
plus exposé aux coups de son ennemi, qu'il est sans défiance. Eh !

qui sait craindre la vipere empoi-
fonnée, cachée parmi les rofes du
plaifir? Attaqué dans tous fes fens,
& défait avant d'avoir fongé qu'il
devoit combattre, il fe plonge dans
les délices. Toujours environné de
fes belles ennemies, qui l'enchan-
tent en même temps qu'elles le perdent, il ne laifse plus auprès de fa
perfonne aucun accès à fon Mi-
niftre.

Confucius, accoutumé à dépo-
fer fes emplois dès qu'il ne peut
faire le bien, héfite cette fois : c'eft
fa patrie qu'il a voulu fervir ; c'eft
elle qu'il faut abandonner. Il defire,
il efpere, il combat : il quitte enfin

un État où la sagesse qu'il vient de faire naître est remplacée par la dangereuse volupté.

Il s'éloigne, en pleurant sur son pays infortuné. Il parcourt les États de Tsi, de Guei & de Tsou : mais les Souverains de ces royaumes refusent les services du Sage dont ils ont envié la possession au Monarque de Lou. Réduit aux dernieres extrémités de la misere, il erre de contrée en contrée, chassé par-tout, & souvent menacé de perdre la vie. Ainsi la vertu, bannie & proscrite, éprouvoit le sort qui doit faire la peine du crime.

Toujours égal à lui-même dans

la haute fortune & dans l'humiliation, il souffrit avec courage les rebuts des grands, les mépris du peuple, les insultes, les chansons, les satires dont il devint l'objet. Trop supérieur aux hommes vils qui l'osoient outrager, il s'appercevoit à peine de leurs attaques impuissantes, & ne daignoit ni s'offenser ni se plaindre.

Poursuivi par la jalouse fureur d'un Mandarin, chef du tribunal des troupes, il vit lever le cimeterre sur sa tête. La plupart de ses disciples prirent la fuite; quelques autres, pâles & tremblants, resterent auprès de lui. « Si le Ciel nous pro-

« tege, leur dit-il d'un front serein,
« que peut contre nous la haine
« d'un homme puissant ? »

Il mourut à l'âge de soixante &
treize ans. « Les Rois, dit-il, n'ob-
« servent pas ce que j'enseigne ; au-
« cun d'eux ne suit mes principes :
« il ne me reste plus qu'à mourir ».
Ce furent les dernieres paroles qu'il
prononça. Il fut vivement regretté
par ses disciples, qui porterent son
deuil un an entier.

Il avoit observé toute sa vie une
gravité de mœurs & de maintien que
sa douceur rendoit aimable. Mo-
déré, tempérant, il lui coûtoit peu
d'être juste ; car c'est la cupidité qui

enfante l'injustice. Censeur sévere de lui-même, il veilloit assidument sur toutes les affections de son ame. Il méprisoit les honneurs & les richesses, & il sembloit que toutes ses passions fussent absorbées par celle de répandre sa doctrine. Et ce n'étoit pas l'amour de la gloire, mais celui de l'humanité, qui l'attachoit à ses principes : la modestie complétoit & couronnoit toutes ses vertus.

Il eut jusqu'à trois mille disciples, dont cinq cents furent élevés à la magistrature dans différents États. Soixante & douze d'entre eux se signalerent au-dessus de tous les

autres ; & l'on conſerve avec reſ-
pect leurs noms, leurs ſurnoms, &
le ſouvenir de leurs patries.

Il les diſtribuoit en quatre claſses.
Ceux de la premiere apprenoient à
cultiver leur eſprit par la méditation, & à former leurs cœurs à la
vertu : la seconde réuniſsoit la lo-
gique à la rhétorique : il avoit con-
ſacré la troiſieme à la politique : &
l'on s'exerçoit dans la quatrieme à
écrire sur la morale.

Confucius, ſi ſouvent errant,
banni, & qui avoit à peine trouvé,
dans la vaſte étendue de la Chine,
un endroit où il pût repoſer ſa tête,
reçut, après ſa mort, des honneurs

qui jamais n'ont été rendus à aucun homme, à moins que la superstition ne l'ait placé parmi les Dieux. Tous les Sages, tous les Magistrats, tous les Lettrés, se vantent d'être les disciples de Confucius; &, quelles que soient leurs opinions, ils prétendent suivre sa véritable doctrine. Des gymnases, élevés dans toutes les villes, portent son nom; & les Mandarins de la premiere classe n'osent passer devant ces asyles des sciences sans descendre de leurs palanquins. On ne peut être élevé au baccalauréat sans aller rendre hommage à ce grand homme dans le palais qui lui est consacré, & qui porte son nom. On l'appelle le grand Maître, le Saint, le Roi des Lettres. Les Souverains Tatars de la Chine n'ont pas pour sa mémoire moins de vénération que les nationaux.

Il ne faut pas croire cependant qu'on lui accorde les honneurs divins. Il est même défendu de lui élever des statues, de peur que les hommages qui lui sont rendus ne dégénerent en un culte idolatrique. On le révere dans des gymnases, & non pas dans des temples : on se prosterne devant son nom, gravé sur des tablettes, mais on ne l'adore pas.

Un diplôme de l'Empereur asure

aux Magiftrats qui fe sont diftin-
gués par leur intégrité , le titre
d'Eleves de Confucius ; & ce titre
d'honneur eft une récompenfe fuf-
fifante de leurs fervices & de leurs
vertus.

La poftérité de Confucius exifte
encore, & le chef de cette famille
reçoit les honneurs qu'on ne peut
rendre au Sage qui n'eft plus. Les
Lettrés, lorfqu'ils sont élevés au
doctorat, lui font les préfents qu'ils
voudroient offrir à fon augufte an-
cêtre ; l'Empereur le reçoit à fa Cour
avec les plus grandes diftinctions :
il jouit feul de la noblefse hérédi-
taire, & porte le titre de Coung,

F

qui eſt la premiere dignité de la no-
bleſse chinoiſe.

&ce; « Je révere Confucius, diſoit
« l'Empereur Young (1) dans un
« de ſes édits : les Empereurs ſont
« les maîtres des peuples, & il eſt
« le maître des Empereurs. »

____

(1) Il régnoit dans le XIVe ſiecle.

PENSÉES MORALES

DE CONFUCIUS.

I.

Le juste milieu où repose la vertu
est toujours le but du Sage. Il ne
s'arrête point qu'il n'ait su l'atteindre : mais il ne tend jamais au-delà.
Fuir le monde & les honneurs, ne
se pas montrer aux hommes, n'en
être pas même connu, n'éprouver
cependant aucun sentiment de tris-
tesse d'une si profonde obscurité,
ne se repentir jamais de s'y être

condamné : cet effort, supérieur à la nature commune, ne convient qu'à des ames privilégiées.

II.

IL ne manque pas de gens qui, toujours poursuivant je ne sais quelles vertus extraordinaires & secretes, franchissent les justes limites du bien. Amoureux d'une vaine célébrité, ils cherchent à savoir ce que l'intelligence humaine ne peut comprendre, & ne veulent faire que des choses prodigieuses. Je n'ambitionne pas une si haute sagesse ; je me contente de connoître & de faire ce qu'il convient généralement de faire & de connoître.

III.

L'HOMME parfait entre dans la voie ordinaire, & la suit constamment. Ces prétendus Sages dont l'orgueil affecte tout ce qui s'éloigne des usages communs, des idées ordinaires, embrassent trop souvent avec témérité ce qui est au-dessus de leurs forces ; ou, s'ils entrent dans le véritable sentier de la vertu, ils l'abandonnent à la moitié de la route, & s'arrêtent honteusement. C'est ce que je ne voudrois ni ne pourrois faire ; je m'efforcerai d'achever ce que j'ai commencé.

I V.

Il est une regle qui ne s'éloigne point de la nature de l'homme : c'est celle de la raison même, qui établit les rapports entre le prince & le sujet, le pere & le fils, l'époux & l'épouse, le vieillard & le jeune

F iij

homme, l'ami & fon ami. Tous ces principes extraordinaires que les hommes fe fabriquent, ces élans pafsagers qu'ils ne peuvent foutenir, ces maximes étranges & difficiles qui ne s'accordent avec les rapports d'aucune clafse de la fociété; tout cela ne peut être regardé comme une regle, & contrarie la raifon.

V.

CELUI qui, fincèrement & de bonne foi, mefure les autres d'après lui-même, obéit à cette loi de la nature imprimée dans fon fein, qui lui dicte de ne pas faire aux autres ce qu'il ne voudroit pas qu'on lui fît, de faire pour les autres ce qu'il voudroit qu'on fît pour lui-même.

VI.

LE ciel a lui-même imprimé dans l'homme la raison naturelle. On peut l'appeller la regle, parceque la nature s'y conforme & la suit. Rétablir cette regle dans la pratique, en l'observant nous-mêmes, en la faisant suivre à ceux qui dépendent de nous, c'est obéir aux véritables loix de la vertu.

VII.

PUISQUE cette regle forme l'essence de la raison naturelle, l'homme ne peut ni ne doit jamais s'en écarter. Si l'on pouvoit quelquefois l'abandonner impunément, ce ne seroit plus une regle imprimée par le ciel à la nature.

VIII.

AUSSI l'homme parfait est-il

fans cefse attentif sur lui-même; il veille diligemment jufques sur les chofes que les yeux ne peuvent appercevoir, tels que sont les plus légers mouvements de l'ame. Il éprouve une fage timidité sur les chofes mêmes que les oreilles ne peuvent entendre, & ne s'éloigne jamais, dans aucune action de fa vie, de la loi innée de la droite raifon.

IX.

PROFONDÉMENT cachés dans notre fein, les mouvements de l'ame ne fe font connoître qu'à ceux qui les éprouvent. Mais l'homme parfait, toujours attentif aux impreffions intérieures que lui feul peut appercevoir, connoît les replis les plus cachés de fon cœur : les

plus foibles mouvements de son
ame vers le bien ou vers le mal ne
lui peuvent échapper.

X.

LE germe des passions est naturel
à l'homme, ou plutôt il est la nature même. Sans cesse il tend à se
produire par des actions. Mais le
Sage impose à ses passions le frein
que lui présente aussi la nature,
en tant qu'elle est le principe de la
raison.

X I.

AINSI les passions de l'ame,
telles que la joie dans la prospérité,
l'indignation qu'inspire le malheur,
la douleur que font éprouver les
pertes, le plaisir que cause la jouis-
sance de ce qu'on avoit long-temps
desiré ; tous ces sentiments, avant

de prendre des forces & de se manifester par des actions, sont encore
dans un juste équilibre & dans un
état d'indifférence vers l'excès ou
vers le défaut.

Mais lorsqu'ils sont enfin parve-
nus jusqu'au point indiqué par la
droite raison, ils forment l'heureux
accord des passions entre elles &
avec la raison même. En équilibre,
ils sont le grand principe de toutes
les belles actions : d'accord avec la
raison, ils sont la regle universelle
du monde, & la premiere loi du
genre humain.

XII.

LE milieu est le point le plus
voisin de la sagesse : il vaut autant
ne le point atteindre, que de le
passer.

XIII.

LE sage tient toujours & en toute occasion le juste milieu : le méchant s'en écarte par excès ou par défaut.

XIV.

OH ! que le juste milieu est une chose sublime ! Mais, parmi le vulgaire des hommes, combien peu savent le tenir ! Ce mal n'est point nouveau ; c'est l'ancienne maladie de l'humanité, c'est un vieux sujet de plainte, c'est ainsi que fut autrefois le genre humain.

XV.

JE sais bien pourquoi la plupart des hommes s'écartent du vrai sentier de la vertu. Les prudents du siecle s'en éloignent par mépris : persuadés que leur intelligence est capable de s'élever bien plus haut, ils le regardent comme indigne d'eux. Les hommes ordinaires n'y parviennent pas, parcequ'ils ne peuvent le connoître, ou qu'effrayés par les difficultés, ils défefperent d'y atteindre. C'eft foibleſse, c'eft ignorance.

XVI.

TOUTES les actions infpirées par la nature seroient conformes à fes loix, fi ces loix elles-mêmes étoient bien connues. Tout homme boit & mange chaque jour : mais combien peu favent diftinguer les saveurs louables ! combien peu favent juger fainement les mets & les breuvages, empoifonnés par la funefte multiplicité des afsaifonnements !

XVII.

TOUT homme dit aujourd'hui :

Je sais ce qu'il faut faire, & ce dont on doit s'abſtenir. Ceux qui parlent avec tant d'orgueil ont bien sous les yeux les profits & les avantages, mais non les déſavantages & les dangers. Ils ſe jettent d'eux-mêmes & s'enveloppent dans mille filets dont ils ne pourront jamais ſe dégager. Vous êtes aſsez prudent, dites-vous. Je vois bien que vous ſaiſiſſez en effet le point juſte du bien ; vous vous y conformez d'abord : mais, vaincu par votre foibleſse & bientôt fatigué, à peine y perſiſtez-vous un mois entier. A quoi vous ſert donc une connoiſsance dont vous tirez ſi peu de fruit ?

XVIII.

MON diſciple Hoei étoit un homme d'une grande prudence : il

favoit diftinguer les chofes entre elles, & découvrir le point de leur perfection. Quand il avoit atteint une vertu, il l'embrafsoit étroitement, la prefsoit dans fon fein, & ne l'abandonnoit jamais.

XIX.

ON trouvera des hommes qui fauront facilement gouverner des empires ; on en trouvera qui auront le courage de refufer les richefses & les dignités ; on en trouvera peut-être qui marcheront impunément sur des glaives acérés : mais ce n'eft que par un travail affidu, par de fréquents combats, qu'on fe tiendra dans le jufte milieu de la vertu, qu'on peut découvrir cependant au premier afpect.

XX.

COMBIEN étoit grande la sagesse de l'Empereur Choun ! Il se défioit de son propre jugement & de sa prudence, & s'appuyoit, pour gouverner l'État, de la sagesse & des vues de ses Ministres. Il aimoit à prendre conseil, même sur les choses ordinaires, & se plaisoit à examiner les réponses les plus simples de ses Conseillers. Si leurs avis lui sembloient quelquefois peu conformes à la raison, il ne les suivoit pas ; mais il dissimuloit ce qu'il y trouvoit de vicieux, entretenant ainsi la confiance de ses Ministres & cette candeur avec laquelle ils lui communiquoient leurs pensées. Quand leurs conseils étoient sages, il ne se contentoit pas de les suivre ; il affectoit d'en faire l'éloge , pour animer encore plus ceux qui les avoient donnés, & les exciter à développer leurs fentiments. Si ces avis s'écartoient un peu du jufte milieu qu'il faut toujours fuivre , il en faififsoit les deux extrêmes , les pefoit mûrement dans la balance de la raifon, & découvroit le point jufte qui féparoit également les deux termes opposés. C'eft par de femblables soins que Choun devint un fi grand Empereur.

XXI.

RÉGNER, c'eft diriger. Princes, donnez vous-mêmes l'exemple de la droiture & de l'honnêteté : qui ofera ne vous pas fuivre ?

XXII.

LA principale fcience des hom-

mes deſtinés à commander aux autres, c'eſt de cultiver & de polir la
raiſon qu'ils ont reçue du Ciel; en
sorte que, nettoyée de toutes les
taches que lui impriment les ap-
pétits dépravés, elle reſsemble au
cryſtal le plus pur, & recouvre ſa
premiere clarté.

X X I I I.

ELLE conſiſte encore à corriger le peuple, & à le renouveller
en quelque sorte par des exemples
utiles & de ſages conſeils; enfin, à
persévérer fermement dans le ſou-
verain bien, qui n'eſt autre choſe
que le plus parfait accord de toutes
nos actions & de toute notre conduite avec la ſaine raiſon.

X X I V.

Dès que vous aurez bien connu le

G iij

vrai but auquel vous devez tendre, vous serez fortement déterminé à ne vous en point écarter. Fixé conftamment à ce fage deffein, & toujours ferme, toujours tranquille, l'infortune ne pourra vous abattre, ni la profpérité vous éblouir. Vous pourrez confidérer fans paffion tous les objets, en porter un fain jugement, y fixer votre méditation, & les pefer dans leur jufte balance.

X X V.

L'ÉQUITÉ regle les paroles d'un fage Prince; & l'utilité publique, fes actions. Ses vertus sont refpectées, on imite fa conduite, fa perfonne eft chérie, fa bonté devient l'exemple général. Il confeille, on l'écoute : il commande, on obéit.

XXVI.

C'est au Monarque d'inftruire fes Sujets. Mais ira-t-il dans la maifon de chacun d'eux leur donner des leçons ? Non, fans doute : il leur parle à tous par l'exemple qu'il leur donne.

XXVII.

Prince, tu veux adminiftrer fagement ton empire ; effaie-toi dans l'adminiftration intérieure de ta famille : en elle tu trouveras le modele que tu dois fuivre pour la bonne inftitution de tout un peuple.

XXVIII.

Pour bien régler une famille, il faut d'abord fe bien régler soi-même : il faut trouver dans fa propre perfonne le modele qu'on doit se proposer dans le régime d'une famille entiere.

XXIX.

COMMENCE donc par rectifier ton ame, par domter, & modérer les affections qui la détournent de sa premiere droiture & l'abaissent vers le vice.

XXX.

C'EST à quoi l'on ne peut parvenir qu'en pénétrant son esprit de la vérité, en le dépouillant de tout ce qui tient à l'erreur, au mensonge, au préjugé. Alors la volonté devient pure, l'intention droite : on ne veut plus que ce qui est honnête & utile ; on n'a plus d'éloignement que pour ce qui est malhonnête & dangereux.

XXXI.

MAIS tu ne parviendras à rectifier ta volonté, qu'en épurant, en
étendant ton intelligence, en la
pénétrant, autant que les forces
humaines en sont capables, de la
raison & de l'essence des choses.

XXXII.

QUATRE regles dirigent l'homme parfait : & je ne puis en observer exactement une seule ! Je ne
puis avoir pour mon pere la même
obéissance que je prescris à mes enfants : je ne puis servir mon Prince
avec cette fidélité que je demande à
l'homme qui m'est soumis : je ne
puis avoir pour mon aîné le même
respect que j'exige de mon cadet :
je ne puis rendre à mon ami les devoirs que je voudrois lui imposer.

le prévenir en tout, lui marquer en tout ma déférence.

Mais l'homme parfait pratique ces vertus dont l'exercice se renouvelle chaque jour. Il est circonspect dans ses moindres paroles. S'il tombe dans quelque faute, s'il ne remplit pas toutes les obligations qu'il s'est prescrites, il se fait violence à lui-même pour parvenir à s'en acquitter. Se présente-t-il à sa bouche une trop grande affluence de paroles ; il sait en retenir une partie. Sévere censeur de lui-même, il veut que ses discours répondent à ses œuvres, & ses œuvres à ses discours. Comment ne seroit-il pas stable & constant ? Je m'efforce de l'imiter ; je suis ses traces, de loin il est vrai, mais enfin je les suis.

XXXIII.

L'UNION d'efprit & de vertu
entre le Monarque & les Sujets rend
prompte & facile la bonne adminiftration de l'État. C'eft ainfi que la
vertu d'une terre bien cultivée ac-
célere l'accroifsement des plantes.
Un bon gouvernement peut fe comparer à des rofeaux fluviatiles, qui,
nés sur les bords du courant, croif-
sent plutôt & plus heureufement
que les autres végétaux.

XXXIV.

LA bonne adminiftration dépend
des hommes à qui le Prince l'a con-
fiée; &, comme lui-même fert aux
autres d'exemple & de modele, fon
choix eft toujours fondé sur fon caractere. Il doit donc fe modeler sur
la regle univerfelle de la raifon. Par

elle feule, le Prince peut difcerner le bien du mal, rejetter l'un, choifir l'autre, & rendre à chacun ce qui lui eft dû, fans jamais s'écarter de la juftice. Cette regle eft perfectionnée par le plus heureux fentiment de l'ame, par cet amour vertueux qui unit l'homme à tous les hommes.

X X X V.

CET amour, que nous appellerons univerfel, n'eft point une qualité qui nous foit étrangere : il eft l'homme lui-même, ou, si l'on veut, il eft une qualité efsentielle de l'homme & innée avec lui, qui lui infpire d'aimer fes femblables.

X X X V I.

LE propre de l'homme eft d'aimer ; mais l'amour pour fes parents eſt ſon premier devoir, & ſert de degré pour aimer les autres.

XXXVII.

DE cet amour général naît la juſtice diſtributive, qui rend à chacun ce qui lui eſt dû : mais le premier acte de cette juſtice eſt de préférer à tous les autres les Sages & les hommes honnêtes, de les élever aux dignités, de les décorer des charges publiques.

XXXVIII.

CETTE gradation de l'amour que nous devons à nos parents plus ou moins proches, aux hommes plus ou moins ſages, plus ou moins honnêtes, naît de l'ordre harmonieux des devoirs. C'eſt par cette harmonie, qui s'accorde avec celle du ciel même, qu'eſt dirigé tout ce qui exiſte.

H

XXXIX.

CET amour, cette charité pure que je recommande, est une affection constante de notre ame, un mouvement conforme à la raison, qui nous détache de nos propres intérêts, nous fait embrasser l'humanité entiere, regarder tous les hommes comme s'ils ne faisoient qu'un corps avec nous, & n'avoir avec nos semblables qu'un même sentiment dans le malheur & dans la prospérité.

Celui qu'anime cette piété peut travailler à sa propre élévation, & rechercher l'éclat des grandeurs : mais, en même temps, il tâchera, par ses avis & par ses secours, d'élever l'infortuné que sa foiblesse ou l'obscurité de sa naissance tient fixé vers la terre, ou que les revers de la fortune ont renversé.

S'il pénetre dans la connoissance des choses, il ne souffre pas que les autres errent aveuglément, vaincus par les travaux & les difficultés. Il les aide, il les soutient, il applanit la route devant eux, les arrache aux ténebres de l'ignorance & de l'erreur, & les conduit dans le sanctuaire des sciences.

Lorsque cette piété aura fermement établi son empire dans tous les cœurs, l'univers entier ne fera plus qu'une seule famille; tous les hommes ne seront plus que comme un seul homme; &, par l'heureux lien & l'admirable accord des grands, des hommes d'une condition médiocre, & de ceux des dernieres

claſses, l'humanité entiere semble-
ra n'être qu'une seule subſtance.

XL.

AIMONS donc les autres comme
nous-mêmes, meſurons les autres
par nous, eſtimons leurs peines &
leurs jouiſsances par les nôtres.
Quand nous comparerons les autres
à nous, quand nous leur souhai-
terons ce que nous deſirons pour
nous-mêmes, quand nous crain-
drons pour eux ce qui fait le ſujet
de nos propres craintes ; alors nous
ſuivrons les loix de la véritable charité.

XLI.

L'ABONDANCE d'amour & de
bienfaiſance par laquelle le Sage
embraſse tous les hommes, le fait
tenir à l'univers entier. L'ame ab-

jeĉte du méchant fe renferme en
elle-même : il n'eft conduit que par
des affeĉtions particulieres ; il fait,
en quelque sorte, une ufure de l'a-
mitié ; livré fans ceſſe à l'intérêt,
il ne fait pas le bien, il le vend.

X L I I.

IL eſt cinq regles univerfelles
qui régiſſent le monde. Ces regles
sont : la juſtice qui lie le Prince &
le Sujet ; l'amour entre les parents
& les enfants ; le lien qui unit les
époux ; la fubordination entre les
aînés & les cadets ; ce doux accord
& ces devoirs mutuels qui uniſſent
des amis.

X L I I I.

TROIS vertus conduifent à l'ac-
compliſſement de ces regles : la prudence, qui fait difcerner le bien du

H iij

mal; l’amour univerſel, qui lie tous les hommes entre eux; & le courage, qui nous donne la force de ſuivre le bien, de fuir & de déteſter le mal.

XLIV.

QUAND vous connoîtrez ces trois vertus, vous ſaurez dès-lors ce qui doit former votre caractere perſonnel, & vous tirerez aiſément du même principe les moyens de régir les royaumes de la terre. Car la même raiſon, la même loi, commande à tous & à un ſeul, & la perfection de la perſonne royale eſt la regle & le fondement de la perfection des peuples.

XLV.

QUELQUES foibles diſpoſitions qu’un homme ait apportées en naiſ-

fant, s'il eſt brûlé de l'amour de
s'inſtruire, s'il ne ſe rebute point
dans l'étude de la vertu, il appro-
chera bien près de la prudence. Si,
encore embarraſsé de l'amour de
soi-même, il s'efforce cependant à
bien faire, il ne sera pas éloigné de
l'amour univerſel envers ſes ſem-
blables. S'il rougit conſtamment à
la moindre propoſition illicite ou
honteuſe, s'il la rejette avec pudeur,
il sera bien près d'acquérir le véritable courage.

XLVI.

ON veut ſavoir mon ſentiment
sur le courage. S'agit-il du courage
des peuples qui habitent le midi,
de ceux qui occupent les régions
boréales? ou plutôt n'eſt-il pas queſ-
tion du courage qui vous convient,

à vous qui cultivez la fagefse ?

Traiter avec indulgence ceux qui leur sont fubordonnés ; ne pas corriger toujours, & ne corriger jamais trop févèrement leur parefse ou leur lenteur ; ne pas foumettre légèrement les réfractaires à des fupplices, mais fupporter patiemment leurs fautes, & leur offrir le moyen de les réparer : tel eft le courage des peuples méridionaux ; c'eft ainfi que, réprimant en eux-mêmes la paffion de la colere, ils amenent infenfiblement les efprits à la raifon.

Coucher avec intrépidité sur des cuirafses & des faifceaux de lances ; être infenfibles à la crainte, & pafser la vie, fans gémir, dans les travaux & les dangers : voilà le courage des nations boréales ; voilà ce que peuvent faire des hommes braves & robuſtes. Mais leur courage eſt mêlé de beaucoup de témérité ; il n'eſt pas même retenu par le frein de la juſtice ; & ce n'eſt point, mes chers diſciples, celui que j'attends de vous.

Le Sage, toujours attentif à ſe vaincre lui-même, ſe prête & s'accommode aux mœurs & au génie des autres : mais, toujours maître de lui-même, il ne ſe laiſſe amollir ni dépraver par les habitudes & les exemples des hommes lâches & efféminés, & n'obéit point en toute occaſion avec indifférence. Ce courage exige des efforts.

Au milieu des hommes qui s'écartent de la droiture, lui ſeul, toujours ferme, reſte droit & juſte, &

n'incline vers aucun parti. Ce courage eſt bien eſtimable !

Si la vertu, ſi les loix sont en vigueur dans l'Empire ; s'il exerce lui-même une magiſtrature ; au faîte des honneurs, ſes mœurs sont toujours les mêmes : il suit le même genre de vie qu'il menoit dans une condition privée, & ne ſe laiſse point enfler d'un vain orgueil. Oh ! combien eſt grand ce courage !

Mais au contraire, ſi les vertus sont méprisées, ſi les loix sont négligées, ſi tout eſt confondu ; lui-même, preſſé par la miſere, aſſiégé par la douleur, & conduit à une mort honteuſe, ſe montre inébranlable, ne sait point changer, & reſte attaché fortement au plan qu'il s'eſt formé. Voilà le plus haut degré du

courage! il confiste dans une vic-
toire continuelle sur soi-même.

XLVII.

QUE celui qui doit gouverner
les Empires de la terre ait toujours
présentes à l'esprit les neuf regles
suivantes : regles communes en effet, mais bien nécessaires à observer.

1°. Que lui-même cultive la
vertu.

2°. Qu'il accueille les Sages &
les hommes honnêtes.

3°. Qu'il aime & respecte ses
parents.

4°. Qu'il estime, qu'il honore
ses principaux Ministres, & ceux
qui exercent les premieres magistratures.

5°. Qu'il se prête aux vues utiles

des autres chefs inférieurs, & qu'il les regarde comme des membres de lui-même.

6°. Qu'il aime ses Sujets comme ses enfants ; qu'il se réjouisse de leur joie, qu'il s'afflige de leur douleur.

7°. Qu'il appelle auprès de sa personne des hommes dont l'industrie soit utile à l'État.

8°. Qu'il reçoive avec douceur, avec bonté, les étrangers.

9°. Qu'il traite avec ménagement, avec considération, avec amitié, les Princes ses tributaires ; qu'il se concilie leur amour & leur fidélité.

XLVIII.

SI le Prince observe ces neuf regles, quels avantages ne procurera-t-il pas à tout l'Empire ! En faisant entrer les vertus dans son caractere personnel, il verra ces regles & ces loix prendre vigueur par son exemple.

S'il accueille les Sages, s'il les fréquente, s'il prend leurs conseils, il n'hésitera pas dans l'entreprise & la conduite des affaires.

S'il aime, s'il révere ses parents, il ne verra ni querelles ni haines parmi les Princes de son sang : la concorde & l'amour conspireront au bien de sa maison.

S'il marque de l'estime à ses principaux Ministres, il ne sera pas incertain, irrésolu, tremblant dans l'administration de son empire : car, dans les conjonctures même les plus difficiles, les hommes de la vertu

I

la plus éprouvée, du courage le plus invincible, lui offriront leurs secours, toujours prêts à le servir du conseil & de la main.

S'il s'accorde avec les Magistrats, s'il les regarde comme des membres de lui-même, ces chefs d'un ordre supérieur le serviront avec plus d'ardeur & de zele, & correspondront aux bontés du Prince par leur fidélité.

S'il aime le peuple comme ses enfants, il excitera le peuple à chérir un si bon pere.

Si la réputation du Prince attire de toutes parts des hommes industrieux dans tous les genres, il aura d'abondantes richesses, & tous les arts concourront à l'envi à prévenir les besoins de ses Sujets.

S'il reçoit avec bonté les étrangers, les peuples des empires adjacents accourront avec joie auprès d'un Monarque humain & bienfaisant.

Enfin s'il conserve des égards pour les Souverains inférieurs, il se les attachera, s'en fera chérir, verra ses forces augmentées de leurs richesses & de leur puissance, & deviendra formidable à l'univers.

X L I X.

AUTREFOIS les sages Empereurs gouvernoient leurs États à l'aide du gouvernement domestique. Ils recevoient avec amitié les Envoyés des plus foibles Princes tributaires. Ces Princes, à l'imitation de l'Empereur, n'osoient mépriser la veuve la plus pauvre, l'orphelin le plus

délaissé : à plus forte raison accueil-
loient-ils les hommes distingués par
leurs talents, leurs lumieres, ou
leurs vertus. Les Gouverneurs, à
leur tour, se conformoient à l'exemple de leurs maîtres, & marquoient
des égards au dernier valet de leur
maison : ils ne pouvoient donc en
manquer pour leurs femmes & pour
leurs enfants. Ainsi la paix & la concorde florissoient dans l'Empire ;
on n'y connoissoit point les dissen-
tions, les querelles, les souleve-
ments, le tumulte.

L.

LE sage Ministre doit avertir le
Prince de ses fautes, mettre un frein
à ses vices, imiter ses vertus.

LI.

O vous, ami de la sagesse, ne

goûterez-vous pas un jour la satis-
faction la plus douce, si vous avez
travaillé constamment à prendre les
Sages pour modeles, si vous avez
mis tous vos soins à les imiter ?

Lorsque, par vos travaux & votre
constance, vous aurez acquis un
nouveau trésor de vertus ; si des
disciples, des amis, viennent, des
contrées les plus éloignées, écouter
vos leçons, & se former par vos
exemples, votre joie ne sera-t-elle
pas encore plus vive ? en pourrez-
vous cacher les heureux transports?

Mais si le contraire arrive, si vos
talents & vos vertus restent enseve-
lis dans l'obscurité la plus profonde,
si personne ne vous consulte, si tout
le monde vous néglige ; vous appro-
cherez de la perfection, vous met-

trez à vos vertus le dernier fceau, en ne vous affligeant point de cette indifférence, en ne vous indignant pas de ce mépris, content de ce que vous avez fait, heureux de ce que vous poſsédez, tranquille sur ce qui eſt hors de vous & qui dépend de l'opinion des autres.

L I I.

Où les diſcours sont apprêtés, où tous les dehors sont flatteurs, ce n'eſt pas là qu'il faut chercher la probité.

L I I I.

Sı le Sage a l'extérieur d'un homme léger, ſi ſes geſtes sont désordonnés, ſes mouvements ſans décence; s'il aime à courir inconſi-dérément par la ville; s'il ne paroît occupé que de jeux, de bagatelles, de plaisirs : il n'aura pas d'ascendant sur les siens ; on n'appercevra que ses ridicules ; il se rendra méprisable, & perdra bientôt le fruit des sciences qui lui auront coûté tant d'études & de travaux.

L I V.

NE contractez pas de liaisons avec des gens qui vaillent moins que vous : vous en recevriez du dommage, sans en retirer aucun profit. Attachez-vous aux hommes qui valent mieux que vous ; faites-vous honneur de les suivre.

L V.

SOUVENEZ-VOUS de la foiblesse humaine : il est de notre nature de tomber & de faire des fautes. En avez-vous commis : ne craignez pas de les réparer, n'hésitez pas un instant ; n'épargnez pas les efforts pour vous relever, & rompez généreufement les liens qui vous embarraffent.

LVI.

LE pauvre qui ne flatte perfonne pour fortir de la mifere, le riche qui n'eft pas gonflé d'un vain orgueil, méritent des éloges : mais ils n'ont point atteint au comble de la fagefse. Ils ne peuvent être comparés au pauvre qui vit heureux dans l'infortune ; au riche qui fe plaît à connoître encore des devoirs, qui prévoit les revers fans les redouter, & qui fe foumet en tout à la raifon.

LVII.

LE Sage ne s'affligera pas de voir les gens qui l'entourent négliger fes talents, & ne tirer aucun fruit de ses travaux ; car tout cela dépend du caprice & de la volonté des autres : il se reprochera plutôt de n'avoir pas lui-même asez connu les hommes, de s'être trompé dans le choix de ses amis, de n'avoir pas su quels étoient ceux qu'il devoit fuir ou rechercher.

LVIII.

CONDUISEZ-VOUS toujours avec la même retenue que si vous étiez observé par dix yeux, & montré par dix mains.

LIX.

LES grandes richesses produisent les grands soins ; le grand nombre des enfants, de nombreuses sollicitudes ; & la longue vie, des maux d'une longue durée.

LX.

EXAMINE bien si ce que tu promets est juste, ou si tu peux le tenir : la promesse faite ne doit plus être révoquée.

LXI.

RECTIFIE tes pensées. Sont-elles pures; tes actions le seront de même.

LXII.

APPRENDS à bien vivre; tu sauras bien mourir.

LXIII.

NOURRIS-TOI, sans te livrer aux délices de la table; loge-toi, sans rechercher les aises de la mollesse; agis avec soin, parle avec prudence, & ne t'applaudis point à toi-même. Recherche sur-tout le commerce des Sages; que leurs

conseils soient tes loix ; & te voilà
bien avancé dans l'étude de la sagesse.

L X I V.

Si nous ne discernons pas au
premier regard ce qui est injuste &
honteux, comment nous en garan-
tirons-nous dans la pratique ?

L X V.

Quand les Sujets ne seront
contenus dans le devoir que par les
loix, quand ceux qui voudroient les
enfreindre ne seront arrêtés que par
la terreur des supplices ; le peuple,
il est vrai, s'abstiendra des grands
crimes, mais ce sera par une crainte
servile. Tel qu'un vil esclave, il
n'osera faire le mal ; mais il ne le
haïra pas, il n'en aura pas de honte.
Ne croyez pas même qu'il persiste

dans le devoir ; car il ne sera retenu que par la crainte : & c'est toujours un mauvais précepteur.

LXVI.

GOUVERNEZ vos peuples par la seule vertu, & qu'ils en contemplent en vous le modele. Mais souvenez-vous que les conditions sont différentes, & que les vertus ne peuvent être les mêmes dans toutes. La vôtre est la prudence & l'humanité. Gouvernez chacun par les devoirs qui lui sont propres : ainsi vous unirez, vous lierez vos Sujets les uns aux autres ; ainsi vous les verrez non seulement s'éloigner du crime par une pudeur ingénue & par une crainte filiale, mais se disputer encore avec joie la gloire, qui est le prix de la vertu.

LXVII.

ON regarde aujourd'hui comme un tendre fils celui qui nourrit son pere. Est-ce là tout ce qu'on exige ? Mais il n'est point de chevaux, de chiens, qui ne trouvent quelqu'un qui les nourrisse. Si les secours que l'on accorde à ses parents ne sont pas dus à l'amour, au respect, quelle différence y a-t-il entre nourrir son pere, & nourrir un cheval ?

LXVIII.

VOULEZ-VOUS discerner le bon du méchant ? cela est bien difficile. Cependant observez votre homme ; considérez ce qu'il fait, ce qu'il médite : car les méchants font ordinairement des choses injustes & honteuses, & les bons, des choses honnêtes & justes.

LXIX.

MAIS cela ne suffit pas. Poussez plus loin vos recherches, pénétrez ses vues, sachez le but qu'il se propose. Si son cœur est faux & ses intentions perverses, il a beau faire de bonnes actions, il n'est point un honnête homme.

LXX.

NE vous arrêtez pas encore, si vous craignez de vous tromper. Quels sont les goûts, les penchants de cet homme qui paroît honnête ? S'il agit de bonne foi, si ses intentions sont droites, mais qu'en même temps il agisse comme par contrainte ; s'il ne cherche pas ses plaisirs & sa tranquillité dans la seule pureté de ses actions : on ne peut dire que sa probité soit consommée, & l'on

doit toujours craindre qu'elle ne
foit de courte durée.

LXXI.

Mais il ne faut pas, fans de fortes
raifons, fcruter ainfi le cœur des
hommes. Se regarder fcrupuleufe-
ment soi-même, ne regarder que légèrement les autres, c'eft le moyen
d'éviter la haine.

LXXII.

RAPPELLEZ affidument à
votre mémoire & méditez ce que
vous avez anciennement appris ;
tirez-en de nouvelles conféquences
& des principes nouveaux : vous
acquerrez ainfi de grandes lumieres, & vous mériterez d'inftruire les
autres.

LXXIII.

LE Sage n'eft point un vafe qu'on

emploie feulement à quelques ufages : orné d'un grand nombre de qualités diverfes, il eft propre même aux plus grandes chofes.

LXXIV.

Il établit par fa conduite les principes qu'il veut donner aux autres : c'eft par fon exemple qu'il les inftruit. Il agit d'abord, enfuite il enfeigne. Le Philofophe reprend par fon filence le difciple à qui la nature a prodigué une trop verbeufe éloquence.

LXXV.

Quiconque agit toujours & ne médite jamais, finira par perdre fa peine. Quiconque médite toujours & n'agit point, sera fujet à l'erreur. C'eft en effet s'exercer que d'étudier & d'apprendre : mais fi l'on ne médite pas ce que l'on étudie, fi l'on n'y ramene pas fouvent fes ré-flexions, on n'aura qu'une érudition ténébreufe, auffi ftérile que l'ignorance.

LXXVI.

CELUI qui, par indolence, ou par une orgueilleufe confiance en lui-même, ne confulte ni les livres ni les maîtres ; qui, fans jamais s'exercer, fe contente de fe livrer à une oifeufe & ftérile contemplation des chofes, n'en atteindra jamais que les ombres : il ne connoîtra que des images vaines & trompeufes ; il fe repofera dans fa fcience menfongere, ou plutôt il tombera d'erreurs en erreurs.

LXXVII.

SAVEZ-VOUS une chofe ; annoncez hautement que vous la ſavez. En ignorez-vous une autre; avouez ingénument votre ignorance. L'homme ne peut tout ſavoir: mais il doit apprendre & connoître ce qui eſt de ſon devoir; il ne doit pas ſuppoſer qu'il connoiſſe ce qui lui eſt inconnu; encore moins doit-il vanter aux autres ſes erreurs, leur en impoſer, & ſe mentir à lui-même. Prenez du temps, donnez-vous de la peine pour conſidérer mûrement les choſes; & conſultez ceux qui en ſavent plus que vous.

LXXVIII.

FAITES prudemment un choix de tous les diſcours que vous entendrez; gardez le ſilence sur ce qui vous paroîtra douteux, & ne parlez même qu'avec circonſpection de ce

que vous croirez certain : c'eſt ainſi que vous pécherez rarement en paroles.

LXXIX.

DANS les affaires multipliées qui ſe préſenteront à vous, gardez-vous bien d'entreprendre celles qui se-ront accompagnées de quelque dan-ger, ou qui pourroient nuire aux autres. Soyez encore sur vos gardes pour celles que vous pourrez trai-ter ; dirigez-les avec ménagement : c'eſt ainſi que vous aurez bien ra-rement à vous repentir ou d'avoir entrepris une affaire avec témérité , ou de l'avoir mal conduite.

LXXX.

ENTRETENIR l'amour & la concorde dans ſa famille, faire ré-gner la vertu parmi ceux qui nous sont foumis, c'eft gouverner en effet, c'eft exercer une magiftrature utile & glorieufe. Pourquoi donc rechercher une magiftrature publique ? Eft-ce feulement pour fe voir décoré du titre de Magiftrat ?

LXXXI.

JE ne sais à quoi peut être bon l'homme fans foi qui trompe dans fes difcours & qui manque à fes conventions. On ne peut lui confier une charge publique : on doit s'en défier dans les affaires particulieres.

LXXXII.

AU lieu de ces nombreux fervices & de ces mets recherchés qu'on vous préfente avec fafte, & fouvent à regret, j'aimerois mieux, à table, la frugalité de nos ancêtres, & l'amour, la concorde, les égards mutuels des

convives. Dans les pompes funé-
raires, au lieu de cet appareil fomp-
tueux & de ce luxe funebre qui n'eſt
dû qu'à l'orgueil, j'aimerois mieux
une douleur ſentie, des larmes ſin-
ceres, & de longs regrets de celui
qui n'eſt plus.

LXXXIII.

LE bourg le plus foible, le plus
reſſerré, le plus inconnu, ne ren-
fermât-il que vingt familles, eſt
aſſez glorieux, ſi l'amitié, la bonne
foi, regnent parmi ſes habitants.
Imprudent qui refuſera d'établir ſa
demeure dans cet aſyle de l'amour
& de l'innocence !

LXXXIV.

LES méchants ne peuvent ſup-
porter long-temps ni les douleurs
& la pauvreté, ni les richeſſes & les

honneurs. Mais le Sage, quelle que soit sa fortune, se repose dans sa seule vertu.

LXXXV.

L'homme honnête peut seul aimer les hommes en sûreté, peut seul en sûreté les haïr.

LXXXVI.

Les hommes recherchent les richesses & les honneurs ; mais, si la raison l'ordonne, le Sage n'hésitera pas à les rejetter. On fuit, on hait la pauvreté, l'humiliation, le mépris ; mais si le Sage est injustement pauvre, humilié, méprisé, il ne se permettra rien de honteux pour sortir de cet état.

LXXXVII.

Tu veux passer pour Philosophe, & tu n'as pas le courage de cultiver la véritable fagefse : de quel droit t'arroges-tu ce titre ?

LXXXVIII.

JE n'ai encore vu perfonne qui aimât la vertu, qui eût horreur du vice : car aimer la vertu, c'eft avoir pour elle une paffion ardente, en‑flammée, exclufive, incapable de lui rien préférer ; & pour haïr le vice, il faut craindre d'en être un feul inftant souillé.

LXXXIX.

CELUI qui suit le matin la vertu peut mourir le foir : il ne fe repen‑tira pas d'avoir vécu, il fe confolera de mourir.

XC.

LE Lettré qui s'eft appliqué à la philofophie, & qui rougit de porter un mauvais habit, de prendre un mauvais repas, ne mérite pas que vous parliez avec lui de philosophie.

XCI.

LE vrai sage n'est pas déterminé à agir ou à ne point agir : c'est la convenance des choses qui le conduit.

XCII.

LA vertu occupe tout l'esprit du sage ; & l'intérêt, tout celui du méchant.

XCIII.

LE Philosophe est habile à discerner ce qui s'accorde avec la vertu ; & le méchant, ce qui s'accorde avec ses avantages.

XCIV.

JE compare celui qui néglige les connoissances les plus nécessaires, à un homme qui resteroit le visage

appuyé contre un mur, ne pouvant
avancer d'un feul pas, ni rien voir
autour de lui.

XCV.

QUE faire de l'homme qui ne
demande jamais le principe & la raifon des chofes ?

XCVI.

LE Sage eft lent dans fes difcours,
& prompt dans fes œuvres.

XCVII.

A QUOI fert la grande facilité
de parler ? Accabler les autres de
fon éloquence, c'eft fe faire des en-
nemis.

XCVIII.

DANS les premiers âges de ina
vie, quand j'entendois parler les
hommes, je croyois qu'ils agif-
foient de même. J'ai reconnu que

L

je me trompois. J'écoute encore à
préfent ; mais j'examine fi les actions répondent aux paroles.

XCIX.

Un Magiftrat qui, dans fa conduite, ne fut pas toujours au-deffus
du reproche, a obtenu, même après
fa mort, un titre honorable. C'eft
qu'il aimoit l'étude, c'eft qu'il fe
plaifoit à s'inftruire, c'eft qu'il ne
méprifoit pas les Magiftrats inférieurs, c'eft enfin qu'il daignoit même confulter les gens du peuple.
Tant de modeftie lui a mérité des
honneurs qui le fuivent encore dans
le tombeau.

C.

Il faut avoir pour fes anciens
amis les mêmes égards que dans
l'amitié commençante.

CI.

RÉFLÉCHISSEZ d'abord fur ce que vous voulez entreprendre, pefez mûrement les chofes, examinez-les plus d'une fois. Après cela, ne tardez pas davantage. Pourquoi perdre le temps à délibérer, quand il faut agir ? Vous allez, par trop de prudence, pécher contre la prudence même.

CII.

DANS les méchants, haïfsez le crime. Mais, s'ils reviennent à la vertu, recevez-les dans votre fein comme s'ils n'avoient jamais fait de fautes.

CIII.

A-T-ON de la candeur, quand on tire à soi la reconnoifsance du bien qu'ont fait les autres ? Un

L ij

homme veut emprunter du vinai-
gre à son ami : cet ami n'en a pas ;
mais, au lieu de l'avouer ingénument, il court en demander à son
voisin , & le donne. Est-ce là un
homme droit & sincere ?

CIV.

ROUGISSEZ de ces paroles étu-
diées par lesquelles on charme les
oreilles , de ce sourire gracieux &
trompeur par lequel on flatte celui
qu'on veut gagner, de ces politesses
excessives par lesquelles on cherche
à capter la bienveillance. C'est l'art
des hommes légers & perfides, qui
disent tout ce qu'ils veulent, & ne
disent rien pour la vérité.

CV.

LA société ne demande que de la
candeur & de la bonne foi ; il est

honteux de carefser ceux qu'on haît ou qu'on méprife.

C V I.

QUE les vieillards fe repofent en paix, qu'on prenne de leurs dernieres années des soins refpectueux; que la cordialité regne entre les amis, entre les égaux; qu'on traite avec douceur, avec condefcendance la tendre jeunefse qui n'a pas encore acquis toutes fes forces : c'eft le vœu du genre humain; c'eft le mien.

C V I I.

O HONTE de ce fiecle! où trouver un homme qui foit pour lui-même un cenfeur sévere, un témoin, un accufateur, un juge; qui reconnoifse fa faute, s'appelle lui-même au tribunal de fa confcience, s'avoue coupable, & fe punifse?

L iij

CVIII.

L'HOMME prudent & juste donne à l'indigent, & n'ajoute pas à la fortune du riche.

CIX.

NE refusez pas les largesses du Prince. Si elles sont inutiles à votre famille, recevez-les pour les distribuer aux malheureux.

CX.

LA sagesse & la probité du pere ne peuvent couvrir la sottise & la méchanceté du fils. La folie & la mauvaise conduite du pere ne peuvent justement obscurcir les vertus du fils, ni l'éloigner des honneurs.

CXI.

QUE mon disciple Hoei est sage! Un peu de riz bouilli fait sa nourriture, une tasse d'eau le désaltere, un coin de la place est son gîte. Homme vulgaire, sa vie te paroît misérable ; mais elle ne lui fait rien perdre de sa gaieté.

C X I I.

CELUI que les forces abandonnent s'arrête au milieu de la route : mais il ne faut pas se croire lâchement au terme, avant de commencer à marcher.

C X I I I.

QUAND on veut pénétrer dans une maison, on y entre par la porte. Pourquoi ne pas faire de même dans tout ce que nous entreprenons ? Pourquoi ne pas observer les convenances, & ne pas tendre, par le vrai chemin, au terme que nous nous sommes proposé ?

CXIV.

LE naturel abandonné à lui-même, & qui n'a rien reçu de l'art, a quelque chose de brut & de rustique : l'art trop recherché, qui l'emporte sur le naturel, lui donne quelque chose d'affecté. Mais si l'ornement & la culture extérieure se joignent avec une sage économie à la candeur de la nature ; si, sans excès, sans défaut, ils se balancent avec une agréable variété, il en résulte la perfection de l'homme poli. C'est ainsi que, dans le corps, la beauté n'est autre chose que l'élégante & juste proportion des formes jointe à l'aimable vivacité du coloris.

CXV.

CEUX qui connoissent la vertu,

& qui favent combien elle mérite d'être aimée, ne sont pas comparables à ceux qui l'aiment, qui la recherchent, qui la pourfuivent. Mais ces amants de la vertu n'égalent pas encore ceux qui jouifsent déjà de cet objet fi juftement aimé.

C X V I.

POURRONS-NOUS appeller quarrée une figure qui ne sera pas terminée par quatre angles égaux ? De même auffi, le Roi qui n'aura pas les qualités d'un Roi, l'homme qui n'aura pas les qualités de l'homme, méritera-t-il le nom de Roi, méritera-t-il le nom d'homme ?

C X V I I.

ENTRE ceux qui sont appellés aux grands emplois, combien peu sont capables de s'occuper fans délai, fans négligence, fans tiédeur, du foin de l'État ; de fe dépouiller fans plainte & fans chagrin de leurs dignités, & de retourner gaîement à leur maifon, pour y rentrer dans les fonctions obfcures de la vie privée !

C X V I I I.

JE me nourris des mets les plus communs ; mon coude, replié sous ma tête, me fert d'oreiller quand le fommeil me prefse ; & je puis affurer que, dans cette vie fi dure, le Philofophe fait trouver des plaifirs : car la vertu a fes délices au milieu des fouffrances.

C X I X.

IL eft trois chofes dont je parle rarement, & toujours en peu de mots : des prodiges ; des affaires publiques ; & des efprits céleftes, dont la nature & les attributs sont tellement au-deſsus de notre intelligence, que nous ſommes incapables d'en parler dignement.

C X X.

QUE deux hommes ſeulement ſoient avec moi, je ſaurai bien trouver entre eux un maître, & peut-être tous deux me donneront-ils des leçons. Si l'un eft bon, & l'autre méchant, je ſuivrai les vertus du premier : j'obſerverai en ſilence les vices du second, je me sonderai moi-même ; &, ſi je me trouve infecté de quelqu'un de ces vices, je me corrigerai.

C X X I.

IL eft trois choſes que le Sage doit révérer ; les loix de la nature, les grands hommes, & les paroles des gens de bien.

C X X I I.

SI, privé de lumieres & vuide de vertus, on veut affecter la science & la sagesse ; si, dans une fortune médiocre, on veut étaler de la magnificence : on en imposera peut-être quelque temps ; mais il faudra se donner bien de la peine pour soutenir l'imposture ; & la fraude ne tardera pas à se manifester.

C X X I I I.

LA vertu est-elle donc loin de nous ? Si je la cherche, elle vient à moi d'elle-même. Ce n'est pas au-dehors qu'il faut la chercher : elle naît avec nous.

C X X I V.

L'HOMME honnête est toujours

paisible, égal & tranquille. Toujours le méchant vit dans le trouble;
& des douleurs secretes dévorent
son cœur.

CXXV.

Si le Magistrat rend à ses parents
les devoirs que lui prescrit la Nature; les Sujets, à son exemple, se
disputeront à qui observera mieux
la vertu. S'il accueille les hommes
que leur âge ou leur mérite rend
respectables; le peuple respectera
les Sages & les Vieillards.

CXXVI.

Sage Magistrat, préférez les
fonctions de conciliateur à celles de
juge. Je puis bien, comme un autre,
entendre & juger les plaideurs; cela
n'est pas difficile. Mais accorder les
hommes entre eux, prévenir entre

M

eux les procès & les haines ; voilà ce qui est difficile & glorieux.

CXXVII.

L'OISEAU, près de mourir, n'a plus qu'une voix lugubre & gémissante : mais c'est au lit de mort que l'homme fait sur-tout entendre la voix de la vérité.

CXXVIII.

RECOMMANDEZ au peuple l'observation des loix, & non l'étude des sciences.

CXXIX.

L'HOMME confiant & robuste, qui hait la pauvreté, troublera facilement la tranquillité publique.

CXXX.

LE méchant est digne de haine : mais, s'il s'apperçoit qu'il est haï, il devient encore plus dangereux.

CXXXI.

VOUS avez de grandes qualités, des talents rares ; mais vous cherchez à nous en impofer par votre fafte, vous nous infultez par votre orgueil, vous portez envie à la gloire des autres : tout votre mérite n'eft pas digne d'attacher un inftant nos regards.

CXXXII.

SI la vertu regne dans l'Empire, fi les loix y sont obfervées, le Sage fe montre. S'il voit la vertu méprisée, méconnue, il fe cache dans la retraite.

CXXXIII.

QUAND la vertu eft refpectée, quand les loix sont en vigueur, il eft honteux de languir dans le repos de la vie privée, & de fuir les honneurs & la fortune : quand la vertu fuit, & que les loix se taisent, c'est un opprobre de se conformer aux temps, & de rechercher les richesses & les grandeurs.

CXXXIV.

QUE faire de celui qui aime la gloire, qui s'aime lui-même, & qui n'a pas de droiture ? de celui qui, sans intelligence, est vif & entreprenant ? de celui qui, propre aux affaires, ne connoît pas la sincérité ?

CXXXV.

APPRENEZ, comme si vous saviez encore peu de chose. Craignez bien de perdre ce que vous avez appris.

CXXXVI.

QUE peut-on reprendre dans l'Empereur Yu ? Econome, sobre

& frugal dans ſes repas, mais en même temps libéral & magnifique, il vivoit durement lui-même, & faiſoit vivre le pauvre. Simple & modeſte dans ſes vêtements ordinaires, il étaloit une pompe impoſante, lorſque, dans les cérémonies ſacrées, il revêtoit les habits ſacerdotaux. Son palais étoit humble & ſans faſte; mais il n'épargnoit ni les tréſors, ni les travaux, dans l'utile conſtruction des canaux, des réſervoirs, des aqueducs.

C X X X V I I.

ON portoit autrefois des chapeaux tiſſus du chanvre le plus fin; on les porte à préſent de ſoie. J'abandonne volontiers, dans ces choſes indifférentes, la reſpectable antiquité, & je me conforme à l'uſage.

M iij

CXXXVIII.

NÉ dans une condition obscure, élevé dans l'humiliation, j'ai eu pour maître le malheur ; & il m'a beaucoup appris.

CXXXIX.

JE n'ai vu personne qui fût aussi flatté de la beauté de la vertu, que des graces & de l'élégance d'un beau corps.

CXL.

LA constance peut avancer lentement ; mais elle n'interrompt jamais l'ouvrage qu'elle a commencé, & produit enfin de grandes choses. Apportez chaque jour une corbeille de terre, & vous ferez enfin une montagne.

CXLI.

SOUVENT on voit s'élever de

terre une herbe tendre, qui ne donnera jamais de fleurs : on voit souvent briller des fleurs, qui ne donneront jamais de fruits.

C X L I I.

LES enfants & les jeunes gens méritent de notre part une sorte de vénération : savons-nous ce qu'ils doivent devenir, & s'ils ne vaudront pas un jour mieux que nous ? Mais l'homme de quarante à cinquante ans qui n'a rien fait encore pour la gloire, ne mérite, quel qu'il soit, la vénération de personne. C'en est fait de lui.

C X L I I I.

TOUT homme peut écouter, sinon avec joie, du moins avec tranquillité, des remontrances même un peu séveres : mais le grand point eſt d'en profiter, & de ſe corriger. Tout homme reçoit avec plaiſir des conſeils adroits & donnés avec douceur : mais il faut encore en conſerver la mémoire, en peſer l'importance, & les ſuivre.

CXLIV.

SE plaire à recevoir des avis, & les négliger, c'eſt ne pas ſe nourrir des mets dont on aime la saveur.

CXLV.

COMMENT me comporter avec l'homme qui écoute reſpectueuſement mes exhortations, & qui n'y conforme pas ſa conduite ? Je l'abandonne. Je ne ferois avec lui que perdre mon temps, & lui faire perdre le ſien.

CXLVI.

ON peut enlever & réduire en

servitude un Général vaillamment défendu par une armée entiere : on ne peut ôter au plus foible des hommes la liberté de sa pensée.

CXLVII.

ÊTRE vêtu d'une robe déchirée & grossiere, & ne pas rougir devant son ami couvert des plus riches étoffes ; c'est un courage bien rare.

CXLVIII.

A QUOI ne sera pas propre ce-lui qui ne connoît ni l'envie ni la cupidité ?

CXLIX.

C'EST dans la mauvaise saison qu'on apperçoit que les pins & les cyprès ne perdent pas leurs feuilles.

CL.

COMME cet oiseau sauvage, que je vois sur le sommet de la montagne, connoît bien le moment où il doit prendre son vol, le moment où il doit se reposer! C'est qu'il n'a d'autre maître que la nature.

C L I.

CEUX qui apportent en naissant un cœur honnête, peuvent ne pas se traîner laborieusement sur les pas des hommes vertueux, & se contenter de leurs richesses natives : mais les dispositions naturelles ne conduiront jamais seules jusques dans le sanctuaire de la sagesse.

C L I I.

SI vous entendez un homme discourir disertement de la vertu ; s'il appuie ses discours des raisonnements les plus solides ; si ses auditeurs charmés croient que cet homme est tel que l'indiquent ses

discours : ne vous hâtez pas encore de prononcer que cet homme
nourrit une solide vertu dans son
cœur.

CLIII.

CELUI qui possede la vertu
parlera toujours assez bien pour la
recommander aux autres : mais celui qui parle bien de la vertu ne
la possede pas toujours.

CLIV.

QUE celui qui veut se vaincre
soi-même ne regarde rien qui soit
contraire à la raison, n'écoute rien
qui choque la raison, ne prononce
aucune parole qui blesse la raison,
ne se livre à aucun mouvement du
corps dont la raison soit offensée.

CLV.

IL est difficile de bien faire : sera-t-il donc facile de bien parler à la hâte & fans réflexion ?

CLVI.

IL faut, pour qu'un empire foit florifsant, que les vivres s'y trouvent en abondance ; que les troupes foient afsez nombreufes pour le défendre ; que la fidélité des Sujets réponde aux bienfaits du Monarque.

Mais faut-il abfolument renoncer à l'un de ces avantages ? je licencie les foldats. La fidélité saura bien armer les Sujets en faveur de leur Prince ; & la concorde qui les unit, l'amour qui les attache l'un à l'autre, fauront les rendre invincibles.

CLVII.

LE Sage perfectionne, ou plutôt

il crée les vertus des autres. Il soutient la foiblesse, il encourage la timidité, il modere ceux qui s'emportent dans leur course, il presse ceux qui s'avancent avec trop de lenteur. Princes, choisissez des Sages pour Miniſtres.

CLVIII.

MAGISTRAT, tu te plains du brigandage du peuple! Sois ennemi toi-même de la cupidité ; & quand tu exciterois le peuple à la rapine par l'espoir des récompenses, il refuseroit de s'y livrer.

La cupidité seule conduit le peuple au crime ; mais elle n'est excitée en lui que par l'avarice & la cupidité de ses chefs. Que ceux-ci soient incorruptibles, la honte suffira pour retenir les sujets.

N

CLIX.

FAIRE parler de soi la renommée, c’eſt être célebre ; mais ce n’eſt pas être illuſtre. L’homme ſolide, droit & ſincere, qui meſure ſes diſcours & ceux des autres, qui aime ſes devoirs & ne s’écarte jamais de l’équité , qui obſerve le viſage & les yeux de ceux qui lui parlent, & n’adopte pas leur ſentiment ſans réflexion : tel eſt l’homme que j’appelle illuſtre, s’il eſt à la tête des affaires ; que j’appelle encore illuſtre, s’il ſe renferme dans les ſimples devoirs de ſa famille.

CLX.

ACCUMULEZ toujours en vous de nouvelles vertus, ne vous contentez jamais de celles que déjà vous avez acquiſes, & , dans cette recherche laborieufe, ne penfez pas aux avantages que vous en pourrez recueillir.

CLXI.

SE déclarer une guerre opiniâtre, combattre fes défauts nuit & jour, ne fe pas oublier soi-même pour rechercher oifivement & témérairement les défauts des autres ; voilà ce que j'appelle habiter en effet avec soi ; voilà ce que j'appelle en effet fe corriger.

CLXII.

CHÉRIR les hommes, les renfermer tous, en quelque sorte, dans fon fein ; telle eft la véritable piété : les connoître ; telle eft la véritable prudence.

CLXIII.

MAIS s'il faut aimer tous les

hommes, me demandera-t-on, que fert de les connoître & de difcerner les bons des méchants ? Aimez tous les hommes, ô vous qui leur commandez : mais n'élevez aux honneurs que les hommes honnêtes ; qu'eux feuls foient accueillis ; que les méchants foient négligés : vous verrez bientôt ceux-ci devenir vertueux.

CLXIV.

LE Sage fe fait des amis par fa fagefse. Ces amis l'aident à leur tour, & lui rendent plus facile le chemin de la perfection.

CLXV.

AVERTISSEZ avec douceur votre ami qui s'égare, remettez-le dans la bonne route dont il s'eft écarté. Mais, fi vos soins sont inutiles, si lui-même s'obstine à sa perte, abandonnez-le, & ne vous rendez pas ridicule par une vaine importunité.

CLXVI.

PARDONNEZ, ou plutôt dissimulez les petites fautes : élevez aux honneurs publics & aux grands emplois des hommes d'une sagesse éprouvée. N'en connoissez - vous qu'un seul ? élevez toujours celui-là ; il vous en fera bientôt connoître d'autres.

CLXVII.

QU'UN homme se soit desséché par des études opiniâtres, s'il n'en est pas plus propre aux affaires, il n'a fait que se consumer par un travail superflu.

CLXVIII.

LES anciens ont dit : Qu'un Prince vertueux gouverne par lui-même ; que ses successeurs lui ressemblent : ils pourront, en moins d'un siecle, ramener les méchants à la vertu, adoucir les hommes cruels, contenir les sujets par l'amour, & rendre la rigueur inutile. Que cette maxime des anciens est sensée !

CLXIX.

UN Souverain qui lui-même cultive la vertu aura-t-il de la peine à choisir des magistrats vertueux ? Mais, s'il néglige la vertu, comment la fera-t-il suivre aux autres ?

CLXX.

UN Prince bien persuadé qu'il est difficile de régner ne s'endormira pas sur le trône, & donnera tous ses soins à mériter, à se conserver l'amour de ses sujets. En ce peu de mots est renfermé le devoir d'un Roi.

C L X X I.

JE ne desire pas de régner, dit le proverbe : mais, si j'étois Roi, je voudrois qu'on observât les loix. Ce proverbe est plein de sens. Si les loix sont bonnes, si elles s'accordent avec l'équité, & que personne n'ose les enfreindre, la nation ne sera-t-elle pas heureuse ? Mais si les loix sont vicieuses, si elles répugnent à la justice, si elles contrarient les avantages des sujets, & que personne ne s'y oppose, si personne n'ose éclairer le souverain, vous voyez l'État pencher vers fa ruine. Ne pas s'oppofer au mal, voilà la perte des Empires : ne pas s'oppofer au bien, voilà leur appui.

CLXXII.

GOUVERNEZ de maniere que ceux qui sont près de vous vivent heureux, que ceux qui en sont éloignés viennent fe foumettre à vos loix.

CLXXIII.

ÉVITEZ deux chofes, fi vous voulez bien gouverner : de vous hâter imprudemment, & de donner trop d'attention à des avantages de peu d'importance. En vous hâtant trop, vous verrez mal les inconvénients que le temps feul fait connoître : en vous attachant à de petits avantages, il ne vous reftera plus

aſſez d'attention pour les grandes
choſes.

CLXXIV.

JE place aux premiers rangs de
la ſociété les hommes qui, dans les
grands emplois, répondant à l'eſ-
poir de la nation & à la confiance
du Souverain, ont horreur de l'apparence même de la baſſeſſe & de
l'iniquité.

Je mets au second rang ceux qui
méritent l'eſtime de leurs proches
& de leurs égaux.

Je donne enfin la troiſieme place
à ces hommes honnêtes qui, con-
tents dans leur obſcurité, ſe livrent
uniquement aux occupations qui
leur sont propres, & mettent tous
leurs soins à s'en bien acquitter.
Leur eſprit eſt borné, je le veux;

leurs talents sont ordinaires, j'y consens : mais ils ne nuisent à personne, & se donnant tout entiers à ce qui leur convient, ils ne sont pas indignes d'éloges.

CLXXV.

NE vous hâtez pas d'approuver l'homme qui est aimé du peuple, ni de condamner celui qui en est haï : mais je regarderai comme un sage celui qui est aimé des bons & haï des méchants.

CLXXVI.

IL est facile au sage de bien servir ; il lui est moins aisé de plaire. Il se montre trop difficile, il condamne trop ouvertement les plaisirs qui ne s'accordent point avec la raison & l'honnêteté. L'homme sans mérite sert mal, mais il sait plaire.

CLXXVII.

LE sage jouit de la plus profonde paix; mais il ne connoît pas les vains plaisirs de l'orgueil. L'infensé s'applaudit à lui-même; mais il ne connoît point la paix de l'ame, parcequ'il ne connoît pas la vertu.

CLXXVIII.

SI les loix sont en vigueur sous l'autorité d'un Prince jufte, parlez avec confiance, avec courage; agiffez avec courage, avec confiance. Si les loix sont languiffantes & l'autorité du Prince méconnue, agiffez avec la même confiance, avec le même courage; mais ayez plus de retenue dans vos difcours : vous aigririez le mal, au lieu d'y remédier.

CLXXIX.

CELUI qui poffede la véritable

intégrité ne peut manquer du courage d'esprit : mais on peut avoir ce courage, & n'avoir pas l'intégrité.

CLXXX.

LE sage peut quelquefois manquer aux loix de la parfaite vertu : elles sont toujours au-dessus des forces du méchant.

CLXXXI.

NE trompez pas le Prince ; osez l'éclairer quand il se trompe lui-même.

CLXXXII.

CELUI qui aime peut-il passer des fautes graves à l'objet aimé ? Le ministre fidele peut-il ne pas avertir son maître de ses devoirs ?

CLXXXIII.

QUAND le Prince oublie ses obligations, l'État peut se soutenir

encore, si le ministre est capable &
vertueux.

C L X X X I V.

UNE grande pauvreté d'actions
se trouve souvent jointe à la plus
brillante richesse de paroles.

C L X X X V.

LES anciens étudioient pour eux-
mêmes ; ils cultivoient les sciences
pour parvenir à la sagesse : on étudie à présent pour briller aux yeux
des autres, & pour mériter des honneurs, des richesses, & de vains
applaudissements.

C L X X X V I.

LE sage rougit lui-même de ses
paroles quand elles surpassent ses
actions.

C L X X X V I I.

JE n'ai pas assez de loisir pour

O

les chofes qui m'intérefsent : en au-
rai-je donc afsez pour rechercher la
vie des autres ?

CLXXXVIII.

ON me reproche de courir de
royaume en royaume, de prêcher
par-tout ma doctrine, de capter les
applaudifsements de la multitude,
& de mendier peut-être des dignités.
Non, je ne fais point commerce de
paroles vaines : mais je condamne,
mais je hais celui qui, n'aimant que
lui feul, fe cache dans les calamités
publiques, & n'ofe même penfer
à faire revivre les loix, à ranimer
les mœurs, à retirer les hommes de
la dépravation.

CLXXXIX.

IL eft d'une grande ame de re-
poufser les injures par les bienfaits.

CXC.

IL peut se trouver un homme qui mérite que vous lui adressiez la parole, & qui sera perdu si vous ne lui parlez pas. Il existe des gens qui ne méritent pas même que vous leur parliez : si vous conversez avec eux, vos paroles seront perdues. L'homme prudent se garde bien de perdre un homme, & sait ne pas perdre ses discours.

CXCI.

L'HOMME d'une grande ame & solidement vertueux ne demande point à vivre au détriment de sa vertu : il prodigue même sa vie, pour mettre à sa vertu le dernier sceau.

CXCII.

CELUI qui ne médite pas de

loin les choses trouvera bien près de lui la douleur.

CXCIII.

LE Philosophe s'afflige de son insuffisance, & non de son obscurité. Il s'afflige de tuer sa vie, & de n'avoir rien fait encore qui mérite d'être célébré.

CXCIV.

LE sage se demande à lui-même la cause de ses fautes : l'insensé la demande aux autres.

CXCV.

LE Philosophe garde la gravité ; mais il n'est pas dur & intraitable : il aime la société ; mais il ne se laisse pas emporter dans le tourbillon.

CXCVI.

LE sage n'éleve pas un homme sur la foi de ses paroles ; mais il ne néglige les paroles de qui que ce soit.

CXCVII.

LES paroles fardées troublent la vertu : la moindre impatience trouble les plus grandes délibérations.

CXCVIII.

LA véritable faute est de commettre des fautes & de ne se pas corriger.

CXCIX.

QUE je passe les jours entiers sans manger & les nuits entieres sans dormir pour me livrer à la méditation, je ne produirai presque aucun fruit. Ne vaut-il pas mieux, au lieu d'étudier sans cesse, mettre en usage ce qu'on a appris ?

CC.

OBSERVEZ un grand homme dans les petites choses ; vous ne

pourrez encore savoir ce qu'il fera dans les grandes. Observez dans les petites choses un homme ordinaire ; vous verrez bien qu'il n'est capable de rien de grand.

CCI.

DANS l'exercice de la vertu, ne le cédez pas même à votre maître.

CCII.

IL est des amis utiles ; il en est qui sont bien pernicieux. On trouve de grandes ressources dans l'ami droit & sincere, dans l'ami fidele, & dans celui qui écoute volontiers. Rien n'est plus dangereux que l'ami qui trompe par un extérieur composé, l'ami lâche & flatteur, & l'ami babillard.

CCIII.

TROIS joies sont utiles, & trois

pernicieuſes. Il eſt utile de ſe réjouir de la pratique de ſes devoirs, du récit des bonnes actions, de l'amitié d'un grand nombre de sages. Il eſt pernicieux de mettre ſa joie dans l'orgueil & la vanité, dans la vie oiſive & licencieuſe, dans les feſtins & les voluptés.

C C I V.

LE sage eſt conſtant, & non pas opiniâtre.

C C V.

UN homme entêté eſt près du précipice, & on ne l'avertit pas, parcequ'on sait qu'il reçoit impatiemment les avis. Il tombe, & on ne le retient pas, parcequ'on sait que lui-même a voulu ſa chûte.

C C V I.

UN tigre s'échappe de ſa loge

& caufe de grands défaftres : qui en accuferez-vous ? n'eft-ce pas celui qui devoit le garder ?

CCVII.

UN fage Souverain ne s'afflige pas d'avoir trop peu de sujets : il s'afflige fi la juftice n'eft pas afsez exactement rendue à tous. Il ne s'afflige pas de la pauvreté de fes États : mais il s'afflige s'il n'y voit pas régner la concorde & la paix. Supprimez les dépenfes inutiles, le luxe immodéré ; rendez à chacun ce que prefcrit la juftice : alors fi les richeffes ne sont pas également partagées, du moins ne verra-t-on pas de mifere.

CCVIII.

DANS l'Empire où les loix sont en vigueur, les Miniftres n'exercent pas une puissance absolue. Le Monarque n'en jouit pas lui-même, puisqu'il se soumet aux loix.

CCIX.

Si les loix sont justes & religieusement observées, le peuple ne pensera pas même à se mêler des affaires publiques : car les sujets se soumettront d'eux-mêmes au gouvernement, quand ils le verront fondé sur la raison.

CCX.

COURTISAN, tu peux tomber dans trois fautes différentes. Si le Souverain parle sans t'adresser la parole, & que tu lui répondes, c'est précipitation. S'il t'adresse la parole & que tu ne lui répondes pas, c'est sotte taciturnité. Si tu lui parles sans observer son visage, c'est aveugle imprudence.

CCXI.

ON ne sait comment se conduire avec les femmelettes & les petites gens : jamais vous ne pouvez les contenter. Êtes-vous avec eux indulgent & facile : ils se familiarisent & vous manquent. Conservez-vous un air d'autorité : ils se plaignent ; vous êtes hautain, impérieux, inhumain.

CCXII.

CONTEMPLEZ ce que les autres ont de bon, comme si vous n'étiez pas encore parvenu jusques là. Contemplez ce que les autres ont de mal, comme si vous touchiez du doigt de l'huile bouillante.

CCXIII.

DANS la vie privée, préparez-vous aux dignités publiques. Parvenu aux grands emplois, mettez en pratique ce que vous aurez bien médité d'avance.

CCXIV.

Il faut observer neuf choses pour suivre la sagesse.

1°. Considérez sous toutes les faces, observez & cherchez à bien connoître, ce qui s'offre à vos regards.

2°. Pénétrez bien le vrai sens de ce que vous entendez.

3°. Conservez un front serein & tranquille : rien ne vous conciliera plus puissamment les cœurs.

4°. Témoignez par votre maintien de justes égards à ceux avec qui vous vous trouvez.

5°. Quand vous agissez, donnez tous vos soins à ce que vous faites.

6°. Quand vous parlez, soyez sincere & vrai : que votre langue soit l'interprete fidele de votre cœur.

7°. Dans les conjonctures embarrassantes, examinez bien qui vous devez sur-tout consulter.

8°. Dans la colere, repréfentez-vous fortement les suites funeftes de la vengeance.

9°. Dans les moyens de vous enrichir, penfez toujours à la juftice.

C C X V.

L'AMI de la vertu doit se garder de trois chofes : de l'amour dans la jeunefse, lorfque fon fang & fes efprits ont toute leur impétuofité ; des querelles dans l'âge mûr, lorfque fon corps a reçu toutes fes forces de la cupidité dans la vieillesse, lorsque ses forces s'énervent, & que ses esprits sont languissants.

CCXVI.

QUAND l'homme honnête voit un homme vertueux, il cherche à se conformer à ce modele : il sait même profiter du spectacle du méchant, en cherchant s'il n'a pas avec lui quelque ressemblance.

CCXVII.

CES gens qui ont l'extérieur de la vertu, sans la porter dans leurs cœurs, ressemblent à ces coquins qui volent la nuit & paroissent fort honnêtes gens le jour.

CCXVIII.

IL est des tempéraments à garder, même avec la vertu. Celui qui veut aimer tous les hommes, & qui ne

P

connoît pas les bornes qu'il faut donner à cet amour, se laissera emporter à une aveugle impétuosité de bienveillance, & répandra des bienfaits sans discernement & sans mesure. Celui qui se pique de prudence, & qui néglige de consulter, flottera dans une éternelle incertitude. L'ami de la bonne foi, de la sincérité, qui ne voudra pas circonscrire cette vertu dans de justes limites, & qui n'aura pas d'égards pour les circonstances, offensera sans nécessité, & se nuira souvent à lui-même & aux autres. Avec la candeur, & la haine de toute dissimulation, on peut, si l'on n'est point éclairé, se jetter, par sa propre simplicité ou par des ruses étrangeres, dans mille embarras dont on ne se retirera que bien difficilement. Le courage aveugle conduit à l'insolence, à la brouillonnerie, à la rebellion. La fermeté, si elle n'est pas modérée sagement, dégénere en folle opiniâtreté.

CCXIX.

Le Prince King-koung avoit mille attelages de quatre chevaux : il est mort ; & le peuple n'a pas trouvé en lui une vertu.

CCXX.

Écouter en courant les préceptes de la vertu, en parler en courant à son tour, les recevoir par les oreilles & les rendre par la bouche, s'embarrasser fort peu de se les appliquer ou d'en pénétrer les autres ; c'est marquer pour la vertu le plus coupable mépris.

P

CCXXI.

LA justice, & non la valeur, mérite la premiere place.

CCXXII.

DES hommes abjects & vils pourront-ils, même avec des talents, servir le Prince & la patrie ? Non, sans doute. Tant qu'ils ne sont pas élevés aux emplois, ils ne penſent qu'à les obtenir : quand ils y sont élevés, ils ne penſent qu'à ne les pas perdre. Il n'eſt rien dont ils ne ſoient capables pour y parvenir ou pour les conſerver : ils ne craindront ni la honte ni le crime.

CCXXIII.

LE sage veut bien mériter de tous les hommes ; il n'eſt cependant pas inacceſſible à la haine. Il hait ceux qui divulguent les défauts des autres. Il hait des hommes vils qui, dans leur baſseſse, oſent juger impudemment les chefs de la nation, les condamner & murmurer contre eux. Il hait ces bravaches qui, fiers de leur courage, ne connoiſsent pas de frein. Il hait cette eſpece d'hommes qui ſe complaiſent ſottement à eux-mêmes, qui tiennent à leur propre ſentiment, obſtinés, opiniâtres, prêts à tout entreprendre, & ne conſultant jamais la raiſon.

C C X X I V.

UN pere eſt pour ſes enfants ce qu'eſt le Ciel même pour les choſes créées.

C C X X V.

LA perfection de l'amour filial eſt de ſuivre la vertu pour ne pas faire rougir ſon pere, & d'acquérir un grand nom pour faire rejaillir sur lui quelques rayons de sa propre gloire.

CCXXVI.

JE hais la bouche dangereusement éloquente, habile dans l'art de feindre & de flatter. Elle souille les palais des Rois ; elle pervertit les plus illustres familles.

CCXXVII.

QUE vos discours soient intelligibles ; & que cela vous suffise.

CCXXVIII.

COMMENT parle le Ciel ? quelle voix emprunte-t-il pour nous instruire ? Les saisons achevent leur cours ; tout naît, tout se renouvelle. C'est par ce silence éloquent qu'elles annoncent ce principe secret dans lequel tout est mu.

CCXXIX.

Es-tu feul : obferve la modeftie. Fréquentes-tu les hommes :
conferve bien la candeur.

CCXXX.

Quelque chofe de malhonnête
s'offre-t-il à tes yeux ; ne le vois
pas : frappe-t-il ton oreille ; ne
l'entends pas : fe préfente-t-il à ta
bouche ; tais-toi.

FIN.

J'ai lu par ordre de Monseigneur le
Garde des Sceaux LES PENSÉES MORALES
DE CONFUCIUS , recueillies & traduites
par M. LEVESQUE ; & je crois qu'on peut
permettre l'impression de cette partie inté-
ressante de la Morale des Anciens, dont la
collection devient, sous la plume d'Écri-
vains célebres, une nouvelle richesse pour
la République des Lettres.

A Paris, ce 11 Décembre 1781.

GUYOT.

www.ingramcontent.com/pod-product-compliance
Lightning Source LLC
LaVergne TN
LVHW020616200726
843508LV00002B/488